罗马文明

冯慧娟　编

吉林出版集团股份有限公司

图书在版编目（CIP）数据

罗马文明 / 冯慧娟编. —长春：吉林出版集团
股份有限公司，2015.6（2025.5重印）
（全民阅读.经典小丛书）
ISBN 978-7-5534-7781-7

Ⅰ.①罗… Ⅱ.①冯… Ⅲ.①文化史－古罗马－通俗
读物 Ⅳ.①K126-49

中国版本图书馆 CIP 数据核字 (2015) 第 128249 号

LUOMA WENMING

罗马文明

冯慧娟　编

出版策划：崔文辉
选题策划：冯子龙
责任编辑：王诗剑
排　　版：新华智品
出　　版：吉林出版集团股份有限公司
　　　　　（长春市福祉大路 5788 号，邮政编码：130118）
发　　行：吉林出版集团译文图书经营有限公司
　　　　　（http://shop34896900.taobao.com）
电　　话：总编办 0431-81629909　　营销部 0431-81629880 / 81629881
印　　刷：北京一鑫印务有限责任公司
开　　本：640mm×940mm 1/16
印　　张：10
字　　数：130 千字
版　　次：2015 年 10 月第 1 版
印　　次：2025 年 5 月第 4 次印刷
书　　号：ISBN 978-7-5534-7781-7
定　　价：45.00 元

印装错误请与承印厂联系　电话：010-61424266

前言｜FOREWORD

　　在古代文明史中，罗马是一个震撼人心的名字，它既指一座城、一段历史，也代表着一种文明、一种传统。

　　古代罗马国家是以位于意大利半岛台伯河流域的罗马城为中心发展起来的。古罗马人在吸收了埃及、希腊及西亚各古代国家的文明后，创建了自己的文明。古罗马的国家管理系统复杂，法律体系详密。古罗马人在农业、科技、医学等领域成绩斐然，在文学、史学、艺术等方面更是留下了许多宝贵的遗产。

　　时至今日，曾经灿烂辉煌的罗马文明依然被世人景仰。希望广大读者通过本书，能对罗马文明有个大致的了解。

目录
CONTENTS

神话与历史之间——罗马起源

在古代文明史中，罗马是一个震撼人心的名字，它既指一座城、一段历史，也代表着一种文明、一种传统。让我们从神话中著名的特洛伊木马谈起，解开古罗马起源之谜，探寻"靴子"上的神秘文明。

帝国的脚步——罗马的历史进程

任何民族、国家大都是从初始走向繁荣，再从繁华终于沦落的，罗马也不例外。从王政时代到帝国时期，从诞生到消亡，罗马一路沧桑、一路跌宕。让我们一起来聆听帝国的脚步，沉重而坚强

目录
CONTENTS

南征北战的年代——罗马全面战争

罗马，从它诞生的那一刻起，冥冥之中就注定了要在战火烽烟中成长。罗马的土地上至今似乎还留有当年战骥铁蹄的印迹。让我们再一次回顾那些惊心动魄的时刻，再现那些金戈铁马的年代。

目录
CONTENTS

梦幻之都——古罗马名城

"我踏上罗马广场的废墟，走过每一块值得怀念的地方……当我坐在卡皮托山岗废墟中沉思时，赤脚的托钵僧人正在神庙中唱诗，撰写此城衰亡历史的念头涌上我心头。"——英国近代史学

家爱德华·吉本

"永恒之城"——罗马城

不朽的丰碑——罗马建筑

罗马的建筑艺术是罗马民族传统和希腊传统相结合的产物。辉煌的建筑艺术是罗马文明中极为突出的一面，对后世乃至整个世界的影响都很大。

罗马的建筑艺术可谓是登峰造极，无论是其精湛的技艺，还是它留下的传世建筑，无论是宏伟神圣的万神殿，还是充满了血腥与杀戮的角斗场，无一不烙印着那个时代的深刻印记。罗马的建筑

目录
CONTENTS

艺术凭借着其雄浑与崇高的美学姿态，唯我独尊地屹立于世界艺术手册之中，令后世无数艺术大师望尘莫及。

人类文明的共同财富——解读罗马文化

当罗马在政治上取代希腊时,却被希腊的文化所折服,但罗马人并没有成为希腊文明的俘虏,它继承了希腊文明并把它发扬光大。"光荣属于希腊,伟大属于罗马。"正是希腊与罗马联手使西方文明傲立在世界古典文明之首。

目录
CONTENTS

现实与梦想——罗马的艺术天堂

罗马的艺术有两个重要的起源：埃特鲁里亚文明和希腊文明。罗马人在崇拜和模仿希腊艺术形式的同时加进了一些具体的、实在的东西，并在随后的发展中形成了自己独具特色的罗马艺术风貌。

人类的智慧——分门别类的自然科学

罗马的自然科学知识，是在总结罗马人长久以来的生产经验和吸收地中海诸民族科学成就的基础上发展起来的，在农学、天文学、地理学及医学等方面成就突出，充分展示出罗马人卓越的才华。

目录
CONTENTS

神话与历史之间

——罗马起源

在古代文明史中，罗马是一个震撼人心的名字，它既指一座城、一段历史，也代表着一种文明、一种传统。让我们从神话中著名的特洛伊木马谈起，解开古罗马起源之谜，探寻"靴子"上的神秘文明。

神秘的传说

——罗马诞生

罗马城市建立的日期并不确定，传统认为是在公元前753年，这已经广泛地为考古发现所证实，尽管可能此前已经有一部分人早就居住在那里。但关于罗马城的诞生，却有着谜一般的神话传说。到目前为止，仍没有任何考古资料能证实这些传说的真实性，它们为罗马的文明蒙上了一层神秘的面纱。

罗马先祖之谜

传说那是在约公元前1184年，特洛伊城被希腊人奥德修斯利用木马藏兵的计谋攻破之后，有一个名叫埃涅阿斯的神话英雄，带着一些守

木马计 巴蒂斯塔·提埃波罗画

埃涅阿斯带领家人离开特洛伊 鲁本斯画

城的勇士从火海里逃了出来。在特洛伊失陷以后,他带领着本族人沿爱琴海各港口出航,一路奇遇,历尽艰辛,几经周折终于来到了意大利。

当地土著居民的国王拉丁努斯对突然侵入的特洛伊人最初感到极度恐惧,后来双方友好交往,拉丁努斯决定划地给特洛伊人,准许他们在这里建城,世代友好相处下去。后来,拉丁努斯还把女儿拉维尼亚嫁给埃涅阿斯,并将新建的城命名为拉维尼亚。而原来与拉维尼亚早有婚约的相邻的鲁图林人首领图努斯听说后,一怒之下兴师问罪。埃涅阿斯助战得胜,但拉丁努斯不幸战死。于是埃涅阿斯决定让手下的特洛伊人和拉丁努斯领导的本地居民进一步通婚,并把两方的法律、宗教等都结合起来。居民都以国王拉丁努斯之名为名,统称为拉丁人。

不甘失败的鲁图林人的首领图努斯又求助于当时很强盛的埃特鲁里亚人,与之联合出兵攻打埃涅阿斯。埃涅阿斯率领着拉丁人,与当时住在帕拉丁山上、从阿卡底亚的帕拉但乌母城来的埃万德结盟,共同抵抗埃特鲁

牧羊人发现罗慕路斯和雷穆斯

里亚人的进攻。战斗结果是拉丁人胜了，但埃涅阿斯却不幸战死。

此后又过了30年，埃涅阿斯之子阿斯迦尼乌斯因拉维尼亚城太小，地理位置也不好，便决定在阿尔巴山与阿尔巴湖之间另建一座城，称为阿尔巴龙加。阿尔巴龙加地势优越，便很快地繁荣起来。埃特鲁里亚人再也不敢来进攻，于是双方讲和，以阿尔巴拉河即后来的第伯河为界，互不侵犯。阿尔巴龙加的拉丁人几代之后又建立了一些殖民地，都称为古拉丁人。传说拉丁人共建了30座城，大都散布在拉丁平原的北半部。他们共尊阿尔巴龙加为首城，有共同的宗教节日，共尊伊尼阿和拉丁努斯为祖先。这就是关于拉丁平原上的拉丁人起源的神秘传说。

母狼哺婴之谜

关于罗马城的建立有很多传说，其中最为人所熟知的就是母狼哺婴的神话。传说阿斯迦尼乌斯建立阿尔巴龙加城以后，王位世代相传。传到第十几代时，阿尔巴龙加的老国王普罗卡重病在身，病逝前将王位传给长子努米托尔。努米托尔为人温和，治国有方，一时可谓国泰民安。但是他的弟弟阿穆留斯却生性残暴，野心勃勃，对父亲把王位传给哥哥十分不满。于是他不择手段，施展各种阴谋诡计，收买了努米托尔的亲信，发动了宫廷政变，囚禁了努米托尔，自己当了国王。篡权成功后，阿穆留斯日夜担心他哥哥的后代有朝一日会找他报仇雪恨，于是努米托尔的一儿一女又成为阿穆留斯的心头之患。为了消除这块心病，他派人残忍地杀死自己的亲侄子，又逼迫侄女西尔维亚出家当女祭司（当时的习俗祭司不能结婚）。残暴狠毒的阿穆留斯以为这样一来，努米托尔就断绝了后代，再也不会有人向他复仇了。可是战神马尔斯非常同情西尔维亚的境遇，两人珠胎暗结，西尔维亚生下了一对孪生兄弟。阿穆留斯听说这个消息以后非常惊恐，立即下令杀死了西尔维亚。为斩草除根，又派了一个女仆抢走孩子，命令她把孩子放到篮子里扔到台伯河淹

母狼哺婴雕像

死。女仆提着篮子来到河边，看到河水泛滥，波涛汹涌，天空乌云密布，暴雨似乎顷刻就要降临。她低头看看篮子中熟睡的孩子，实在不忍心扼杀这无辜的生命。她见这里河边树丛较多，很多树枝低低地垂向水面，可以挂住篮子，就对监督她的阿穆留斯的亲兵说，她害怕这种天气，不敢再往前走了。那亲兵心里也有些害怕，就命她赶快将孩子扔进河里。于是女仆将篮子放到水中，偷偷地挂在了树枝上。

后来河水很快退了下去，两个孩子安然无恙。又过了一会儿，孩子醒了，饿得哇哇大哭。一只正在河边饮水的母狼听到哭声，来到孩子身边，不仅没有伤害孩子，而且用舌头舔干了他们湿漉漉的身体，又用自己的奶喂饱了小兄弟俩。这一母狼哺乳人婴的奇景被一个牧羊人看到，他待母狼喂饱孩子恋恋不舍地离开后，将孩子抱回家抚养。后来他和妻子分别给他们取名为罗穆路斯和雷默斯。

兄弟俩很快长大了，仪表堂堂，行侠仗义。一次他们与另一群牧人发生冲突，弟弟雷默斯被对方抓送到一位老者处，老人觉得雷默斯面熟，就仔细询问他的家世，当他听说雷默斯在台伯河畔被母狼救起的经历后，顿时昏死过去。原来这位老人就是被阿穆留斯囚禁后又逃出来的哥哥努米托尔。兄弟俩知道了自己的真正身世后，仇恨非常，立即组织人马围攻阿尔巴龙加王宫，正在寻欢作乐的阿穆留斯被罗穆路斯一剑刺死，背叛国王努米托尔的亲信首领也被弟弟雷默斯杀死。兄弟俩杀死仇人帮助外公夺回王位后，决定在母狼哺育过他们的地方帕拉丁山冈建造一座新的城市。但在新城用谁的名字冠名上，兄弟俩争执不下，最终酿成兄弟相残的人间悲剧。哥哥罗穆路斯最后杀死弟弟雷默斯，争得城市

罗穆路斯和雷默斯被牧羊人保护 *彼得罗·达·科尔托纳画*

的最高统治权，并以自己的名字命名新城为"罗马"。据说，此事发生在公元前753年4月21日，因此罗马人将此日作为他们的开国纪念日。

虽然母狼哺婴的传说并不足为信，但它在一定程度上保留了历史的真实。考古表明，罗马城的确是这一时期所建，当时正处于维兰诺瓦文化阶段，罗穆路斯所属的拉丁人部落分散居住于帕拉丁等山丘，他们从事农牧业，并且开始使用铁器。随着生产力的发展，部落之间的联合也开始了，罗马城就是在这个时期修建的。

天时地利的神奇之靴

——意大利

意大利是古罗马的发祥地，也是古代罗马的中心地带。意大利天然的地理和自然条件对于古罗马国家的形成与发展产生了很大的影响。

意大利位于欧洲南部地中海中央，地形上可分为南北两部分：南部是一个狭长的半岛，形状就像一只长筒靴，直深入地中海；北部则是比较宽广的波河平原，平原以北以高耸的阿尔卑斯山与中欧隔开。

意大利三面临海，半岛形状窄而长，亚平宁山像一条脊椎贯穿全境。山脊两侧有许多横向的山梁把半岛割成很多丘陵和峡谷。半岛东侧面向亚德里亚海，山势陡峭近海，多悬崖峭壁，河流短而急，不利航行。西侧面向第勒尼安海，山势缓斜，多丘陵，河流较长，便于航行。较大的几个河流域如阿诺河、第伯河、伏尔图诺河和利端斯河等形成了埃特鲁里亚、拉丁姆、坎佩尼亚等较大的平原。附近有西西里、科西嘉、撒丁三大岛屿及厄尔巴、卡普里等小岛，通往西部地中海的航路比较便利。

意大利气候属于典型的地中海类型，冬季温暖湿润，夏季则较为干燥，但各地区也有差别。雨量随季节变化，冬多夏少，半岛东部不如西部雨量充沛。境内河流较密，以波河、第伯河最为重要，但大多水流湍急，夏季缺水干涸，无法航行。

意大利多山地，其地形和气候很适合于农牧业的发展。古代丘陵和河谷到处覆盖着茂密的植物，有森林、草坡和灌木林等。那里阳光充足，土壤肥沃，特别是半岛西部几个较大的平原，农牧业从很早就得到了发展。山坡丘陵地带都是良好的牧场，可以繁殖马、牛、羊等牲畜。平原地区宜于种植谷类和豆类，以及葡萄、橄榄等经济作物。

　　意大利海岸线很长，但是岛屿和港湾较少，所以可用作良港的地方并不多。没有像希腊那样便利的航海条件，所以贸易也不甚发达。另一方面，膏腴之地也多于希腊。因此，罗马人一直是以务农为主。

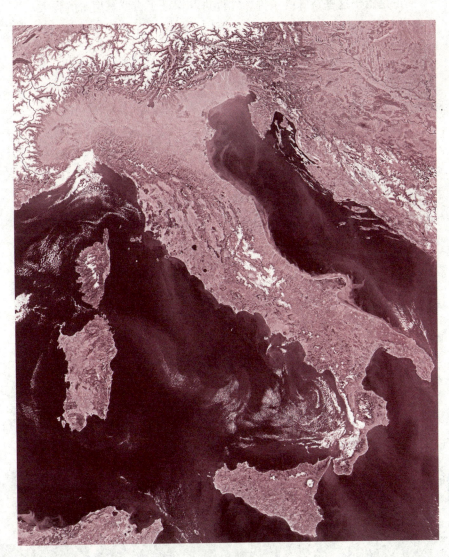

意大利地形

此外，由于阿尔卑斯山脉无法有效地阻挡中欧民族的涌入，而许多地方海岸低平又易于侵入，因此，与希腊相比，意大利半岛更易受到外族的入侵。可以说，几乎从定居意大利开始，罗马人的战事就一刻也未停息过，因为他们不得不抵御那些外来的入侵者，以保卫自己的征服成果。

正是由于这些特殊的条件，才促进和保证了古罗马后来的强大。

微信扫码

☑ 拓展视频　☑ 图文资讯
☑ 趣味测评　☑ 阅读分享

帝国的脚步

——罗马的历史进程

任何民族、国家大都是从初始走向繁荣，再从繁华终于沦落的，罗马也不例外。从王政时代到帝国时期，从诞生到消亡，罗马一路沧桑、一路跌宕。让我们一起来聆听帝国的脚步，沉重而坚强……

罗马初兴
——王政时代

从罗马出现在历史舞台到建立共和国这一历史阶段称为王政时代。王政时代是罗马由氏族制社会向国家政权过渡的时期。这时期名义上的最高统治者为王，音译为"勒克斯"。自公元前8世纪中期到公元前6世纪末期，先后共有七个王统治，其中有拉丁人，有萨宾人，亦有埃特鲁里亚人。

罗马初建成

约公元前8—前7世纪为王政前期，即所谓前四王统治时期（罗穆路斯、努玛·庞皮留、图鲁斯和安库斯）。

罗穆路斯建立罗马城之后，并没有大权独揽，而是建立了一个参政机构，称为元老院。元老院的成员都是公民中较大的氏族或家族的首脑。元老院既是"王"的顾问，又是传统的维护者。它握有收税、征兵、媾和等重要权力。据说罗穆路斯曾挑选了100名氏族父老成立了元老院；合并萨宾人时，又增选了100名；到后来第五王老塔克文时，又从他的支持者中选了100名。前后共达300人。他还从四方招募人口来扩充自己的队伍，不分自由人还是奴隶都一并收纳。在他统治的37年里，通过对邻邦不断争战

古罗马银币上的罗穆路斯

扩大了罗马的土地，并使罗马初步由一群乌合之众变成了一个较强大的部族。

"傲慢王"的终结

小塔克文（公元前535—前509年在位）是罗马王政时代的末王，也是传说中的暴君。小塔克文是第一位未经元老院许可而用暴力登上王位的国王。他登基后，漠视元老院和森都利亚大会的意愿，独断专行，厉行暴政。他对他身边的人处处猜疑，严加防范，甚至对显贵人物也表现得十分傲慢，被人冠以"高傲者塔克文"的绰号。

对内小塔克文首先剥夺了元老院的权利，独断专行，用各种方法消灭不支持他的元老；其次对平民实行高压政策，废除法律，遇事一人独断；改变税制，要求不论贫富一律纳税。此外，他还迫使平民服各种劳役，兴建各种建筑工程，如在大马戏场修柱廊，修排水沟使之通向第伯河等；其他劳役如开石、伐木、铁工、木工等，罗马人民苦不堪言。为防止平民反抗，他禁止大规模集会，并经常派遣特务到处探访向他汇报。对外软硬兼施，诱骗其他拉丁城市签订合约；还对伏尔西人进行了抢劫。他的种种恶行，使得他到处树敌。鉴于这样的形势，很多贵族联合起来采取行动，其中还有很多是塔克文的亲戚，要一起推翻他的残暴统治。

据帝国初年罗马历史家李维记载，高傲者塔克文厉行苛政，横征暴敛，更使罗马人不堪其苦。他的儿子绥克斯都·塔克文也是个荒淫强横的家伙，因"鲁克列提亚事件"而遗臭万年。传说鲁克列提亚是一位美丽、纯洁而善良的显贵妇女，绥克斯都·塔克文手持宝剑强行奸污了鲁克列提亚，鲁克列提亚愤不欲生，当着丈夫的面自杀了。鲁克列提亚事件便成为了一根导火索。公元前509年，罗马人发动起义，驱逐塔克文家族，结束了埃特鲁里亚人在罗马的统治。从此，延续了244年的王

鲁克列提亚事件 *波提切利画*

政时代结束了，罗马进入一个崭新的历史时期——共和时期。

法西斯的由来

　　一提到法西斯，人们就会想到意大利的墨索里尼和德国的希特勒的种种暴虐行径。但若问及法西斯一词的来源，却一直可以追溯到古罗马。古罗马王政时代最后一个王塔克文，素有"傲慢王"之称。他和他的妻子都十分贪婪残暴，是依靠阴谋政变才夺取了王位的。塔克文生怕别人也仿效他的做法，于是就用专制独裁的手段控制一切，谁要是稍微惹他不高兴，他就会下令把该人处死。一次，罗马的一个贵族不小心得罪了他，他竟然下令将其满门抄斩。这个贵族的小儿子鲁齐当时正好不在家，才得以幸免。鲁齐渐渐长大，当他知道塔克文就是杀害父兄的凶手时，一心想要报仇雪恨。但塔克文高高在上，又大权在握，他一时无从下手。于是他便伪装成一个傻子，以免引起塔克文的注意，只在暗中观察着塔克文的行动，时刻盘算着伺机复仇。不久，塔克文的儿子因风流事件引起了极大的公愤，点燃了人们心中的怒火。大家一起涌向王宫。鲁齐见时机已到，就站出来发表演讲，声

罗马执政官 画面中间高高在上的两个人为罗马的执政官，两侧手执笞棒（即"法西斯"）的为侍卫官。台阶下有被砍掉的人头。

斥塔克文的种种残暴罪行。于是大家推举鲁齐为首领。鲁齐率领罗马人，打败了塔克文，把他赶出了罗马。之后又废除了王政体制，建立了共和国。

共和国没有了王，就由执政官管理国家事务。执政官没有薪俸，却是全国最荣誉的官职。他们履行职责时，身穿镶有暗红边的紫袍，坐在象牙宝座上面，由仪仗卫队护卫着。执政官外出时，带着12名侍卫官。每位侍卫官的肩上扛着一束笞棒，中间插着一把斧头，用它来作为执政官的标志，象征国家最高长官的最高权力。这种象征暴力和权力的标志棒，拉丁文便叫作"法西斯"。

微信扫码
☑拓展视频 ☑图文资讯
☑趣味测评 ☑阅读分享

跌宕起伏
——共和时期

公元前510—前27年，罗马进入了共和时期。共和国的建立标志着传统的王权观念遭到了摒弃，并在随后几百年中一直被排除在罗马政治体制之外。

共和初期，元老院成员增至300人，成为贵族势力的堡垒。元老院在当时还是咨询机构，尚未达到后来那样具有广泛权力的地步；但按照惯例，执政官每逢重要事宜必须提交元老院讨论，听取意见和建议。由于执政官本身即是元老贵族，任期短暂，而元老为终身职，享有威望，地位显赫，这就决定了执政官总是听从于元老院的意旨。这时，森都利亚大会（公民大会）逐渐获得重要的政治权力，可以决定重大问题，但大会的多数票操纵在少数富有公民手中，表决通过的决议最后还需元老院批准。因此，在共和初期罗马国家政权机构中，元老院处于权力中心的地位。

而共和时期的政体究竟是什么谁也无法说清。古希腊历史学家波里比阿曾在罗马生活过16年，他对罗马共和国政治制度的描述，至今仍被奉为典范："我们已知的政体有三种，那就是王政、贵族政体和民主政体。如果有人问罗马人，你们国家的政体是什么？恐怕没有人能回答。只看执政官的话，有点像王政；要是看元老院的职能，那就是一个彻头彻尾的贵族政体；如果你注意到公民大会的作用，大概会说罗马是民主政体。……不过，罗马的制度正是这三种制度的混合体。"

随着共和国家的发展，贵族大量侵占国家由征服而得来的公有地，平民却得不到公有地的分配。平民中只有少数人由于经营工商业发财致富，大多数平民则缺少土地，生活困苦。连年不断的战争，更加重了平民的兵役和赋税负担，致使许多平民负债破产。

公元前494年，罗马与邻近各部落发生战争。元老院派执政官塞尔维出面征兵。塞尔维向平民保证："任何人不得阻止罗马市民应执政官之召参与军务；不得以任何方式没收或拍卖从军平民的财产。"平民们在得到塞尔维承诺在战后把这一保证法律化后，立刻应召参军，打退了入侵者。但是执政官塞尔维的诺言却没能兑现，因为元老院没有通过塞尔维关于保护平民利益的提案。这大大引起了平民们的不满，他们处与贵族们为敌，制造各种事端。恰在此时，罗马又遭遇萨莫奈人的入侵。执政官紧急召兵，平民们却无一响应，拒绝再为罗马作战。他们全副武装地撤离了罗马，开赴离城五公里的圣山——阿芬丁山，声称如果贵族不妥协，他们将建立与"贵族邦"对立的"平民邦"，与罗马脱离关系。这就是史学家李维所记载的"第一次撤离运动"。

古罗马银币上的执政官塞尔维

在随后的斗争中，平民屡次采取这种"撤离"运动，即以集体退出公民公社和军队作为斗争手段，迫使贵族逐渐做出让步。直至公元前287年，平民举行最后一次撤离。结果，平民出身的霍腾西阿被任命为独裁官，之后颁布了一项法律，重申平民决议对全体公民都有法律效力。这一事件标志着平民反对贵族斗争的胜利结束。

保民官的诞生

在"第一次撤离运动"期间，由于罗马面临大兵压境，急需平民参军应战，罗马贵族无奈只好被迫答应减轻平民的债务负担，并承认平民有权选出两名平民保民官，以保护平民的利益。

最初选出的平民保民官为两人，后增至5人，公元前457年增至10人。平民保民官是从平民上层有产者中选出的。他们不属特权阶层，一般能担任低级指挥官。不论元老院的决议还是高级长官（独裁官除外）的命令，凡是损害平民利益的，保民官皆可行使否决权。保民官虽不能参加元老院会议，但有权旁听，对不利于人民的立法可以否决。到后来，保民官可以互相否决。保民官的权力不是行政或法律性的，而是带有宗教性的，保民官人身不可侵犯。保民官不是公职人员，没有强迫命令权，但有权同人民进行协商，召开人民会议。保民官初设立时权力并不大，后来随着人民议会作为立法机构权力的增长，保民官的权力也扩大了。自从保民官出现后，平民贵族间的斗争常表现为保民官和贵族之间的斗争。连续十几年保民官同执政官之间不断发生斗争。

奴隶制的雏形

随着罗马不断对外扩张，土地问题日趋尖锐。许多贵族利用权势把大片罗马公地据为己有，奴隶主新贵们也将大批金钱投资于意大利农村，通过兼并小农土地扩大自己的农庄。大土地所有制逐渐形成并占

罗马文明

033

优势，小农经济慢慢瓦解。于是，产生了数以万计的奴隶，为奴隶制发展提供了条件；而罗马社会经济迅速繁荣，又为大规模经营和使用奴隶提供了可能。因此，这一时期的奴隶劳动，不仅被广泛应用到农业、手工业以及矿山等各个生产领域，而且带有明显商品生产的性质，即由一个"家长制的、以生产直接生活资料为目

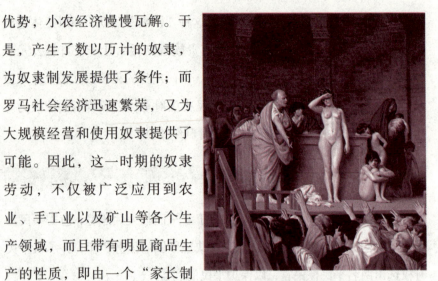

拍卖奴隶 热罗姆画

的，转化为以生产剩余价值为目的的奴隶制度"。这是奴隶制发达时期的一个主要特征。

奴隶的来源是战俘、海盗掠夺的奴隶和非罗马人的债务奴隶等。奴隶没有人格，不被当人看待，只是"会说话的工具"。伤害或杀死别人的奴隶，只需向其奴隶主作一定赔偿，对奴隶本人不负法律责任。奴隶的婚姻也不被法律承认，其子女生来即为奴隶。

奴隶处境极其悲惨，因此反抗奴隶主的斗争异常激烈。奴隶们毁坏劳动工具，个别或集体逃亡，使奴隶主蒙受损失，甚至后来发动大规模武装起义，对奴隶主阶级及整个奴隶制度予以沉重的打击。

马略的军事改革

公元前107年，出身低微的马略在民主派的支持下，当选为执政官。在此之前，马略曾投身行伍，战绩颇著。转入政界之后，曾出任过保民官、行政长官和行省总督。各种公职锻炼了马略的才能，使他在士兵和平民中享有一定的威望。马略对罗马军队的堕落和纪律败坏早深有

了解，因此，他一就任，立即着手军事改革。

马略经过一系列的改革，把公民兵变成了职业军队，而且他还重新调整了军队的编制、装备，使罗马军队的战斗力大为提高。公元前106年，马略率领这支新军队进入非洲，战胜了朱古达。此后，他又击败了进犯意大利的森布里人和条顿人。公元前101年，马略又凭着这支军队镇压了第二次西西里奴隶起义。

马略的军事改革，在当时确实起了广开兵源和提高战斗力的作用，但从长远来说它也带来了不良的后果：军士职业化，就容易成为将军的私有物，"将可私兵"便为日后的军事独裁准备了条件。

"同盟者战争"

自从罗马统一意大利并对意大利实行"分而治之"以来，已经过了两个世纪。但是，罗马人名义上称意大利人为"同盟者"，实际上只是把意大利人当作附庸。意大利人无罗马公民权，因此无权分配罗马"公地"，也不能享受其他权利，然而他们却有为罗马国家当兵和纳贡的义务。这样不平等的待遇再加上频繁的战争，使得意大利人终于爆发了。

公元前90年，意大利人首先在阿斯库伦城（皮塞努姆境内）掀起武装暴动，反对罗马人的统治。其他各地迅速响应，除了埃特鲁里亚、翁布里亚等部分地区外，整个意大利特别是中部和南部地区都卷入了暴动。意大利人联合起来，以科菲纽姆（意大利中部）为中心创建了自己的国家，取

凯撒和他的随从

名"意大利"，设立元老院、执政官、大法官等类似罗马的统治机构，并仿照罗马的样式铸造货币，币面上镌有"意大利"字样以及意大利公牛战败罗马牝狼的图案。

鉴于事态的严重性，元老院命公元前90年的两名执政官卢西乌·恺撒和普布里乌·卢普率军镇压；同时还派了一批有经验的将军充当执政官的助手，其中包括马略和苏拉。战斗异常酷烈，罗马军吃了不少败仗。最后，罗马统治者又是采用分化政策：凡未参加暴动、忠于罗马的"同盟者"给以公民权。接着又宣称，暴动者在两个月内放下武器也可获得公民权。这样，埃特鲁里亚人和翁布里亚人首先取得了罗马公民权。其他进行抵抗的意大利人也很快被瓦解，只有马尔西人和萨莫奈人坚持到最后。到公元前88年初，罗马已经胜利平息了北部和中部的意大利起义，虽然南方的战事尚未结束，但起义的大部分地区已经落入罗马手中。

野心勃勃的苏拉

苏拉出身于没落的贵族家庭，为人刚愎自用，机敏狡黠，颇具野心。苏拉原是马略的助手，以残忍狡诈著称，但在所担任的职位上，却也颇有建树。在公元前91年的"同盟者战争"中，他取得了赫赫战功。公元前88年，苏拉当选为执政官，并通过联姻与贵族结成联盟，成为了贵族派的领袖。从此，他与马略为代表的民主派展开了激烈的斗争。

公元前82年冬，苏拉以胜利者的姿态进入罗马，并随即实行血腥的恐怖统治。他用极其残酷的手段，不经任何法律手续，前后拟定三批公敌名单，并将之公布于罗马广场，声言任何人都可不经审判杀死名单上的人物。在大肆屠杀之后，苏拉建立起了罗马史上第一个军事独裁政权。他恢复并加强了元老院的权威，把支持自己的人补选为元老，把自己的亲信任于重要官职。这时保民官和公民大会已形同虚设。为了将政权牢牢掌握在忠于自己的贵族和军人手中，他还严格规定了高级官职的晋升制度。

苏拉在罗马历史上第一次建立了独裁统治，这也预示了共和国的行将崩溃。苏拉对罗马本已有限的民主和争取民主的运动给予了重重的一击。

苏拉引退之谜

财欲、情欲、权力欲是为人类社会的三大欲望。三者中，又以权力欲最具吸引力。因为权力欲的实现是满足另外两种欲望的保障。多少统治者为了得到这一尊荣，钩心斗角，兵戎相见，乃至因此而葬送掉性命。然而，古代罗马著名的政治家、军事家苏拉在夺得最高权力以后却自动宣布放弃这一权力。他的突然引退，千百年来一直为后人所不解。

或许是因为他觉得罗马的改革无望而心灰意冷？或许是因为他在达到荣誉之巅后心生厌倦？又或许是曾经沧海，便不再对权力欲望抱以热情，只想走进那宁静和平的田园生活？这一切的一切，都只能留给后人去猜测、去评说。

恺撒大帝

恺撒，全名为盖乌斯·尤利乌斯·恺撒。他生于公元前100年，出身贵族，少年时期受过良好的教育。恺撒成长于一个充满政治斗争的环境中，16岁时，即已在政治方面有了坚定的主张。19岁时，恺撒投身军界，经历了10年的戎马生涯。多年的军营生活不仅增长了他的军事才干，而且磨炼了他的毅力和吃苦耐劳的精神，这为恺撒后来执掌兵权、施展抱负打下了良好的基础。30岁时，通过积极参加反对残暴统治者苏拉的斗争，恺撒在当时的罗马政界崭露头角，先后出任了罗马财务官、市政官、大祭司长、大法官等职。随

凯撒的胜利

后，通过一系列的政治活动，恺撒很快声望大增，并与当时罗马最有权势的庞培、克拉苏结成联盟。不久，恺撒又获得了高卢总督的职位，率军远征高卢。通过采取分化瓦解和武力征服的策略，历经10年高卢战争，最后取得胜利。其间，恺撒还曾率军渡过莱茵河征服了日耳曼尼亚，又渡海征服了不列颠。战争中，他造就了一支训练有素、能征善战且忠诚于他的军队，并积累了巨额财产，为其日后执政打下良好基础。

公元前53年，克拉苏在战争中战败身亡后，恺撒与庞培及元老院的矛盾激化，于是引发了4年的罗马内战。内战中，恺撒先后发兵西班牙、埃及将庞培军队消灭，并将埃及征服，纳入罗马版图。经连年征战，恺撒获得了罗马终身独裁官、执政官、保民官等职，兼领大将军、大祭司长荣衔，并被尊为"祖国之父"，可谓集荣耀、权柄于一身。

当政期间，恺撒实行了一系列的改革，比如改善行省管理制度、颁布反对行省官员勒索的法令、扩大授予罗马公民权的范围、建立退役老兵殖民地、实行自治市法、增设高级官职、扩充元老院、推行"儒略历"等，罗马的经济、政治因此得以快速发展，罗马人遂建立起了西起太平洋，东迄幼发拉底河，北临莱茵河和多瑙河，南濒撒哈拉沙漠的强盛的罗马帝国。

凯撒头像

前三头同盟

苏拉独裁结束以后，他的部将庞培便开始崛起。庞培生性刚毅勇猛，容貌娴雅，长于谋略，深得罗马士兵喜欢。他曾因作战勇敢而被苏拉授予"伟大的庞培"这一称号。

公元前78年，罗马内部发生暴动，结果被庞培率兵平息。后来因地中海的海盗作恶，庞培又被委以清剿海盗的重任，他仅用了3个月的时间便把长期横行霸道的海盗势力一举剿除。公元前75年，"第三次米特里达梯战争"爆发，本都军队来势凶猛，而罗马人轻敌应战，致使小亚局势紧张。随后，又是庞培率军屡战告捷，平息了历时10年之久的第三次米特里达梯战争。如上事件，使庞培的权势剧增，并受到罗马人民的热爱，在罗马的权势和威望达到顶点。而克拉苏则靠着"趁火打劫"（在苏拉"公敌宣告"期间发了大财）成为罗马首富，成了权倾一时的显赫人物。

随后，两人双双当选为公元前70年度的执政官。但庞培势力的日益增大引起了克拉苏的不满，他一面暗中破坏庞培在罗马的威信和声望，一面又与恺撒交好。恺撒是马略的内侄，有马略的老兵拥护。

罗马文明

骑马的凯撒雕像

为取得平民支持，恺撒又不惜耗尽家财，为平民举办角斗、赛马等娱乐活动，还向平民免费发放食品、提供工作机会等等，因此深得平民的爱戴。

公元前60年，庞培、克拉苏和恺撒达成秘密协议，组成了历史上所谓的"前三头同盟"。他们结合起来实际上是要互相利用，形成一股势力，以便左右局面，达到分居要职的目的。

在庞培和克拉苏的支持下，恺撒出任公元前59年的执政官。在任期间，他进行了一系列有利于平民和骑士的改革，更得人民拥戴。任满后，他又率军远征高卢，仅3年就取得了辉煌的胜利。这一切使得庞培和克拉苏嫉妒大增，也让恺撒感到非常不安，因为此时他还未站稳脚跟，在罗马，还不时受到反对派的攻击。于是，恺撒邀请庞培和克拉苏在路卡会谈，来参加的元老达到200人之多。会议决定，由庞培和克拉苏担当公元前55年的执政官，期满后再按抽签结果分头治理叙利亚和西班牙行省5年。而恺撒则续任高卢总督5年。

这便是著名的"路卡会议"。路卡会议巩固了三头同盟，并使三头同盟从地下彻底暴露了出来。

罗马文明

法萨卢之战

恺撒和庞培一直在不停地角逐，政治斗争最终演变成了军事上的搏杀。最终凭借法萨卢一战，恺撒成功地战胜了对手，共和制的罗马也成为了恺撒独裁的罗马。

公元前49年初，恺撒高卢总督的任期即将届满，对恺撒心存芥蒂的庞培与元老院联手设计了一个阴谋，要求恺撒放弃兵权，否则就不能返回罗马参加执政官大选。恺撒写了一封措辞恳切的信致元老院，希望以诚意获得他们的谅解，但是元老院对恺撒的信置若罔闻。与此同时，庞培还派人暗杀了恺撒的得力助手、保民官克劳狄乌斯，并散布谣言说是恺撒所为。元老院借此以恺撒

庞培头像

图谋不轨为由，宣布罗马处于紧急状态，并把恺撒定为"罗马公敌"。面对这样的的局面，恺撒无路可退，自言道："就让剑与火去改变一切吧！"于是，忍无可忍的恺撒开始了向罗马的进军。

恺撒带领军队越过峭壁林立的阿尔卑斯山，抵达了意大利边界的卢比孔河。庞培闻讯后，吓得急忙渡海逃往巴尔干半岛。恺撒军团先后夺取了罗马城及西班牙，庞培则逃到了希腊。

庞培在希腊组织了11个军团、7000骑兵和600艘战舰的强大部队，而恺撒的军队则因长年作战，疲惫不堪。但恺撒并没有失去信心，公元前48年1月，恺撒率领手下的7个军团开始了偷渡亚得里亚海的行动。恺撒成功登陆后，立即挥师北上抢占了奥里克和阿波罗尼亚这两座城池，夺取了庞培囤积的大量粮草。接着，恺撒又日夜兼程，企图夺取希腊最大的港口提拉契乌姆城，那是庞培的军需基地。庞培也认定恺撒会进攻提拉契乌姆城，便亲自在那里布防。面对庞培周密的防

守，恺撒决定伴装撤退，向帖撒利转移，引诱庞培主动出击。庞培见恺撒孤军深入，又开始撤退，果然中计，以为乘胜围剿的机会来到了，于是尾随恺撒来到了法萨卢平原。

公元前48年6月6日，恺撒与庞培在法萨卢展开对决，此即著名的"法萨卢之战"。庞培仗着兵力优势，将步兵分做左、中、右三线配置，右翼由于有河流为屏障，他只配备了少数骑兵做后援，而将6000精锐骑兵全部布置在左翼，企图以此突破恺撒的右翼，从后包抄。恺撒一眼就识破了庞培的意图，于是也把自己的军队分列左、中、右三路，并部署好以待痛击庞培。庞培军团主动出击，急风暴雨般的投石和梭镖向恺撒军团袭来。恺撒命令军团布成高卢式的盾龟阵，前排战士向前高举盾牌，后面各排将士则将盾牌高举过头，形成顶盖，一边抵挡，一边冲锋。恺撒军团的勇士们手执长矛，勇猛地杀向庞培的骑兵，一举击败了他们。随后，军团又包围了庞培的两翼。就这样，在恺撒军团的重拳出击下，庞培军连连向后躲避。最后，庞培军落荒而逃。

庞培兵败逃到埃及，埃及国王为了讨好恺撒，派人刺杀了庞培，把血淋淋的人头送到恺撒面前。恺撒却以此为由挥兵埃及，推翻了托密勒十二世，重新迎立艳妇克里奥佩特拉为王。后来，他用最简洁的拉丁文写了一份捷报送回元老院，上面写的是："Veni,vidi,vici." 意思是"我来了，我看见了，我打胜了。"又过了两年，恺撒从北非转战西方，又在西班牙扑灭了庞培两个儿子的反抗。至此，庞培的势力被彻底剿灭，恺撒成了罗马唯一的主宰。

后三头同盟

随着恺撒的权力越来越大，一些人担心恺撒总有一天会戴上皇冠。因此，他们组织了阴谋集团，决心除掉他。公元前44年3月

克里奥佩特拉在凯撒面前 热罗姆画

15日，元老院举行会议。恺撒只身一人来到会议厅。虽然他事先已经得到警告，说有人这天要谋刺他，但是他仍然拒绝带卫队，并说道："要卫队来保护，那是胆小鬼干的事！"恺撒大步走进大厅，坐到黄金宝座上，笑着说："现在不就是3月15日吗？"这时候，阴谋者都身藏短剑，像朋友一样围在他身边。其中的一个人跑到他面前，抓住他的紫袍，假装是有什么事要请求他似的，其实这就是动手的暗号。紧接着众人一拥而上，用短剑刺向恺撒。恺撒没带任何武器，只能奋力夺下紫袍，拼死反抗，但早已身中数剑。当他看见刺杀自己的还有他最信任的手下布鲁图时，不由得惊呼："啊，还有你，布鲁图!"他放弃了抵抗，颓然倒下，用紫袍蒙面，听任他的仇敌乱刺、乱砍。他一共被刺23处，其中3处是致命的，最后恰巧死在庞培雕像的脚下。

恺撒被杀死以后，布鲁图说："我爱恺撒，但我更爱罗马!"可是罗马的平民没有一个人对恺撒之死表示高兴。当凶手们手提着血淋淋的短剑走出元老院的时候，和他们所预料的欢呼场面相反，看到的只是表情冷漠、充满怀疑目光的人群。

恺撒死后，罗马发生了争夺继承权的斗争。恺撒密友、前执政官安东尼手握重兵，实力最强。骑兵长官雷必达，自称为恺撒继承人，要为恺撒报仇，也赢得平民拥戴。但元老院不愿支持他们，而把眼光投向了一个年轻人，他就是恺撒的养子（本为其甥孙）屋大维，当时还不满20岁。元老院想利用他来对抗安东尼和雷必达。

公元前43年，屋大维、安东尼和雷必达在北意大利的波伦亚附近正式会晤，形成了"后三头同盟"。公元前40年，他们划分了势力范围。安东尼管辖高卢地区（除那尔旁高卢），雷比达统治那尔旁高卢和西班牙，屋大维则占有阿非利加、撒丁尼亚和西西里以及附近其他岛

凯撒之死 热罗姆画

屿，罗马本土三人共治。但是他们也和前三头的情况一样，都各有打算，因而很快就发生了矛盾。

屋大维在意大利不断发展自己的势力，他取消了公敌宣告，并剥夺了雷必达的军权。"三头同盟"由此变成"两雄对峙"。

公元前37年，安东尼与埃及女王克里奥佩特拉结婚，并且声称要将他治下的领土赠给克里奥佩特拉和她的子女，这是罗马人民所不能容忍的。屋大维利用这一机会，迫使元老院和公民大会夺去安东尼的大权，并向埃及宣战。公元前31年6月，屋大维率军和安东尼、克里奥佩特拉会战于希腊西海岸的亚克兴海角，这便是著名的"亚克兴之战"。当战争最激烈的时候，女王克里奥佩特拉却半途率军逃回埃及。安东尼得知女王逃走后，竟也丢下为他浴血奋战的10万将士，只身追随女王而去。失去统帅的安东尼大军被屋大维打得大败。最终，安东尼和克里奥佩特拉双双自杀。从此，埃及并入罗马版图，罗马又重新恢复了统一。

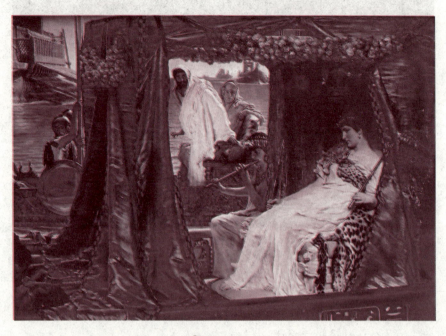

安东尼和克里奥佩特拉 阿尔玛·泰德马画

公元前29年，屋大维作为内战的最后胜利者凯旋罗马，受到罗马
各方人士的热烈欢迎。从此他便在共和制的外衣下，建立起自己的个人
独裁统治，拉开了罗马历史的新篇章。

繁荣之巅
——帝国时期

屋大维创立了元首制帝国，从此，罗马便进入了披着民主共和外衣的专制独裁统治时期。罗马的帝国时期，与前两个时期相比，无论经济、政治、文化还是军事等方面均有较大的发展，同时，也达到了罗马的极盛之时。

"奥古斯都"

公元前27年1月13日，屋大维向元老院郑重表示要卸除大权、悄然引退，并希望恢复共和、再建民主。其实自从消灭了安东尼以后，屋大维在罗马政坛上再无敌手，他又相继获得终身保民官和终身最高统帅的职权，除了能够否决一切不利于他的政令以外，还可以随意调动军队、任免将官、征募兵员、动用国库，甚至可以决定战争和平等军政外交大事，与专制帝王不相上下。有了这些军政实权，人人心里都明白他所谓的交卸大权、恢复共和只是一句空话。因此，元老院经过三天讨论，决定对他维护共和的用心表示感恩戴德，除恳请他保留一切权力、继续领导罗马人民以外，还奉送他"奥古斯都"（兼有神圣、庄严、伟大之意）的尊号，以此象征他已达到权势威严的顶峰，不仅有帝王之权，而且有神明之尊。同时，还决定在元老院会堂中设置一

屋大维塑像

面金盾，镌文颂扬屋大维的"英勇无畏、宽厚仁慈和公正笃敬"。从此，屋大维便以"奥古斯都"作为帝王权力的正式名称，开始了他将近半个世纪的统治。

公元14年8月，屋大维去世。罗马举国为他举行了盛大的葬礼，并把他去世的月份命名为"奥古斯都"，此即现代英文中"August"的由来。

"罗马的和平"

屋大维统治及其后的近两个世纪里，罗马帝国维持了比较稳定的统治。这一时期罗马继续扩张，疆域达到它的最大规模：在亚洲包括小亚细亚半岛、美索不达米亚北部，直到西奈半岛一带；在非洲直抵北非西部；在欧洲伸入不列颠和多瑙河以北的达西亚等地。地中海则成为罗马的内湖。

经济也有很大的发展。带轮的犁、割谷器械、水磨得到普遍应用。埃及和北非一带改进了灌溉系统，开辟了新的耕地，农产丰饶，成为帝国的谷仓。帝国的手工业也很发达。意大利的玻璃、金属制品、陶器，腓尼基的玻璃制品、紫红染料，小亚细亚的纺织品，埃及的纸草、精细麻纱，西班牙的金、银、铁、铅矿产等，都是非常著名的产品。

高卢和西班牙等地兴起了许多新城镇。帝国境内修起了纵横的道路，增辟了渠道和港口。许多地方修建了高架引水桥，把远处的泉水引入城市。海盗已被肃清，水陆交通便利，运输比较安全。大小商人往来贩销各地物产，许多精美制品运往莱茵河、多瑙河彼岸。帝国初期驶往印度的商船每年就约达120艘。中国丝绸辗转运到罗马，在共和国末期就已经成为上流社会的珍品。

工农业的发展，国内外贸易的税收，为罗马帝国积累了大量财富。于是在意大利本土和各行省，相继展开了规模浩大的建筑工程。罗马城内兴建了许多豪华的大理石皇宫、神殿、别墅、会议厅、公共浴场、剧场、竞技场和宽阔的广场。因此有人说"奥古斯都找到的罗马是一座砖瓦的城市，但他留下的罗马是一座大理石的城市。"

在奥古斯都时代，还涌现出了许多伟大的作家，如维吉尔、贺拉斯、奥维德、李维等。奥古斯都晚年被尊为"祖国之父"。从他开始统治罗马的公元前27年开始，直到公元180年大约200年时间，罗马世界经历了和平与繁荣的黄金时代，遂被称为"罗马的和平"。

朱理亚·克劳狄王朝

奥古斯都死后50余年时间里（公元14—68年），有四位元首相继即位。因为他们都是奥古斯都及其第三个妻子李维亚的亲族，又是朱理亚和克劳狄两个氏族的成员，所以他们的统治时期称作朱理亚·克劳狄王朝时期。

提比略生于公元前42年，即位为元首时已50多岁。他为人严肃苛刻，冷淡矜持。因几经周折方成为正式继承人，因此对继承元首大位十分勉强，甚至厌恶。他生性阴郁多疑，总怀疑有元老反对他，对元老们的讨好和谄媚行为持讨厌和轻蔑态度。据说他有句名言是："让他们恨我吧！但他们得接受我所做的一切！"提比略在位20余年，论政绩，提比略统治时代虽比不上奥古斯都时代，但也算得上国泰民安。他因袭奥古斯都的成例，精兵简政，不轻易对外用兵，为罗马赢得了20年的和平环境。财政方面崇尚节俭，积极开矿，发展贸易，增加了不少收入。

公元26年仲夏的一天，提比略出走首都罗马城，自我放逐于当时罗马有名的流放地康帕尼亚，并且最终死于那里。身为罗马帝国的皇帝，却离群索居，与世隔绝自我放逐长达11年之久，让人不可思议。提比略为何要长期自我放逐，至今仍是一个难解之谜。

第二继承人卡里古拉被确立主要与人们对日耳曼尼库斯的爱戴有

关。初即位时，卡里古拉宣布大赦，召回流犯，亲理政事，尊重元老院，恢复公民会议等，一时很受人们欢迎。但不久他一改初衷，开始模仿东方专制皇帝的作风，对元老轻蔑无理，动辄加罪，随意流放，甚至杀戮有名人物。对外不知审时度势，在日耳曼和不列颠贸然用兵，结果徒劳无功。他在财政上靡费无度，提比略20余年的积蓄竟被他3年挥霍得所剩无几。元首的暴虐使宫廷内外、元老院以及各军队到处无不伺机谋反。各地发生了很多谋反拥立事件，但最终都失败了。公元41年，罗马近卫军发动宫廷政变，将他刺死于宫中，拥立他的叔父、日耳曼尼库斯的弟弟克劳狄为元首。

提比略塑像

克劳狄沉缅于文学和写作，治国之事全依靠他的左右手。这些人掌握大权，欺下瞒上，营私舞弊，祸害宫廷。但克劳狄在位的13年里还是有所建树的。他放弃对被控叛逆罪者的审讯，允许被放逐的元老返回，并与元老院合作，创造团结气氛。他积极完善元首制新政权机构，亲自主持一系列大工程的建设，还广泛地向行省居民赠送公民权以平衡罗马与行省的关系，扩大统治阶级的基础。此外，他恢复了恺撒的扩张政策，先后在不列颠、毛利塔尼亚和色雷斯设立5个新省，巩固了罗马人对这些地区的统治。公元54年，克劳狄死。尼禄继位。

尼禄是有名的暴君。自登基以来，他每天都过着荒淫无耻的生活。他自命为"伟大的艺人"，登台演戏，不务政事。在宫廷中，他经常举办赛会，并亲自担任朗诵者、歌手、演奏师和角斗士登台献艺。他甚至带领大班人马到希腊去演出，当希腊人对他的表演予以赞扬时，他觉得希腊人比罗马人懂艺术，因为他在罗马的表演，很少能赢得观众的掌声。希腊人的掌声换来了他赐给希腊人的自治权。

尼禄极尽享乐之能事，国库钱财被他挥霍一空。他在皇宫里待不住，便在城里的各公共场所大摆宴席。有一次，他别出心裁，要到湖面上举行宴会。他下令造了一只庞大的木筏停泊在湖面上，木筏上放着桌椅，参加宴会的人就坐在木筏上大吃大喝。有几艘船在前面拖着木筏，在湖面上慢慢航行，轻轻荡漾着。船头用黄金和象牙装饰，豪华气派。划船的都是十几岁英俊秀气的少年男子。湖岸上，间隔不远就有一个码头，码头上搭了一座座特制的平台，平台上召来许多美女跳舞，尼禄就以此取乐。

尼禄的所作所为早就引起罗马居民的不满。公元64年，一场大火几乎烧毁了整个罗马城，火刚熄灭，尼禄就迫不及待地在废墟上建起了自己的"金屋"。大家都怀疑那场大火是尼禄放的，他想趁机看看冲天大火到底是个什么样子，然后好在旧城上面建造新城。这种说法传到了

尼禄皇帝

尼禄的耳朵里，他十分恼怒，于是下令逮捕了所有的"纵火嫌疑犯"，并对他们施以暴刑。公元68年，各地发生起义。元老们也对他的暴虐忍无可忍了，宣布尼禄为"祖国之敌"。尼禄至此已众叛亲离，走投无路，他逃出罗马城，途中绝望自杀。自杀之前，他还十分惋惜地叹息道："多么伟大的艺术家就要死了！"

第二年，东部行省和多瑙河军团拥立大将军韦斯帕芗为帝。至此，朱里亚·克劳狄王朝告终，开始了费拉维王朝的统治。

费拉维王朝

费拉维王朝是一个家族王朝，虽然它的统治时期非常短，但它所推行的行政管理制度和税收政策对后世有着很大影响。

韦斯帕芗出生于意大利，他的出身很普通，但他精明能干、热情大方，是罗马历史上第一个出身非贵族阶级的元首。韦斯帕芗即位时，国库一贫如洗，军队败坏不堪，各处起义不断。于是韦斯帕芗镇压各地起义后，又忙于整顿军务。他首先解散了参加起义的日耳曼军团，减少近卫军步兵队的数目，把意大利的无产者从军队行伍中彻底排除出去，并规定除一部分近卫军外，地方上的驻屯军皆从各省招募。接着他又建立了新的征募辅军的政策。从韦斯帕芗开始，选军和辅军之间的本质区别逐渐消失。这两种军队都开始从行省里征募，都有一些罗马公民出身的士兵。辅军虽然享有其种族番号，但并非仅限于包含某一部落或某一地区的人，而是把各民族、各部落混合于军事团体中。对于常驻罗马城的部队，韦斯帕芗也采取了同样的措施，他不但从意大利人那里招募，而且也从外省，特别是罗马化程度较高的地区，如高卢南部、西班牙、马其顿等地招募。

公元73年，韦斯帕芗还对元老院进行了改革，广泛吸收行省上层奴隶主参加元老院，又授予西班牙等城市的自由民以拉丁公民权，扩大了帝国的社会基础。为了充实国库，韦斯帕芗缩减开支，广开税源。几年以后，罗马的财政便大有好转。罗马历史上最宏伟的建筑物之一圆形竞技场就是由韦斯帕芗首先着手兴建的。

韦斯帕芗去世后，其长子提图斯继位。提图斯勤政爱民，为罗马做了不少好事。他修建了许多新的道路，并完成了圆形竞技场的建筑。但也是在提图斯继位那年，维苏威火山突然爆发，淹没了庞贝、赫尔兰尼姆等城。提图斯在位两年，便因患热病去世，于是元首的头衔就落到了图密善的头上。

提图斯雕像

图密善可谓是继尼禄之后的又一暴君。他要求元老院称他为"主人"或"我们的神"，由他左右组成的顾问会议把元老院排挤在外。图密善整日纵情歌舞，沉迷于酒肉声色之中，并大兴土木。为了补偿国家和宫廷这样庞大的开支，他又采用了当年暴君尼禄的没收政策，毫不留情地向那些惯于逃税的达官显贵征收欠缴的税款。如若不交，就没收其财产。图密善的专制统治终于激起了元老贵族们的强烈反对，造反的队伍接连而起，但都被图密善血腥镇压，个个惨死。终于，公元96年6月的一天，图密善被最亲近的人杀死在自己的卧室里。

图密善之死也意味着费拉维王朝的终结。元老院又推举出旧贵族出身的涅尔瓦为元首，从此，罗马进入了下一个统治时期——安东尼王朝。

"咸鱼商"皇帝

有人说，韦斯帕芗皇帝天性贪婪。在埃及时，他就一心聚集钱财，其横征暴敛引起了埃及人的强烈不满。亚历山大里亚人称他为"咸鱼商"。

公元70年10月，他从亚历山大里亚回罗马后宣布，必须把每年的财政收入增加两倍左右，国家才能恢复正常。为此，他极力推行自己的财政计划，即提高各行省的赋税额，取消各希腊语行省和城市的免税权，收回意大利公地的所有权，增加几项新的税收。他的一个老牧奴曾经恳求刚登基的韦斯帕芗给他自由，然而韦斯帕芗却让他出钱买自由。这个牧人骂道："狐狸只换毛，不改天性。"由于他顽固地坚持这种经济政策，老百姓纷纷骂他为"贪财鬼"。但是韦斯帕芗依然故我，甚至对使用公共小便所也要抽税。他的儿子提图斯反对这种有失体面的收入，他却手拿一些银币在他的儿子面前说："孩子！你闻闻看有没有味道。"

韦斯帕芗在其他事情上则表现得平易近人和谦逊。他从来不掩饰自己出身卑微，面对朋友的言语冲撞、律师的出言尖刻和哲学家的放肆，他都能处之泰然。例如被流放的德米特里乌斯在外地同他相遇，非但不起立或向他问候，反而对他破口大骂。可是韦斯帕芗只是说，这是犬的狂吠。他轻视奢华与懒惰，每隔一段时间，他总要回到他的老家去享受一番乡村生活与食物。他不让他的老家有任何改变。他使自己容易让人亲近，言谈和生活与人民处于平等地位。他常嘲弄自己来取乐，并允许每个人自由批评他的行为和品德。发现阴谋反叛时，他宽恕那些反叛者，并说他们是傻瓜，不了解一个皇帝所背负的烦恼与重担。作为一个过渡时期的皇帝，韦斯帕芗重新稳定了混乱的罗马政局，使罗马各地出现了前所未有的繁荣。

公元79年，韦斯帕芗回到了他的出生地萨宾乡。在那里，他喝了很多湖水，患了严重的痢疾，但他仍然接待使者，处理政务。当他快要昏厥的时候，他仍然在随从的扶持下挣扎着要站起来，他说："作为一个皇帝，应该要站着死。"说完这句话，他就结束了69年的生命历程和10年的执政生涯。尽管人们不饶恕他的贪婪，不原谅他的很多做法，但是在他的潜意识里，他仍然觉得自己是一个堂堂正正、临死不倒的男子汉！

"五贤帝"

安东尼王朝（公元96—192年）共经历了6位皇帝的统治，他们分别是涅尔瓦、图拉真、哈德良、安东尼、马可·奥里略和康茂德。除去奥里略将元首的头衔传给自己的儿子康茂德外，其余的继承都不是以血缘为基础，而是以过继为基础的。之所以称之为"安东尼王朝"，是因为当时的罗马统治者一般都认为，安东尼的统治时期是罗马帝国最发达和最繁荣的时代。

涅尔瓦继位，开创了罗马史上的安东尼王朝。鉴于图密善的暴政，涅尔瓦决定使用宽厚的政策。涅尔瓦恢复了元老院的地位和权势，凡国之大事都与元老院磋商，并且保证不随意杀害元老。此外，他又对罗马的一些制度做了必要的改革。他赦免了被图密善放逐的人，恢复了他们的财产，缓和了他们的敌意；建立了救济贫困农民和穷人孩子的制度。同时，他还免除了许多捐税，降低了遗产税，解除了韦斯帕芗强加于犹太人的捐献。他紧缩开支以弥补国库的亏损。

涅尔瓦死后，其养子图拉真继位。图拉真出生于西班牙，是从外省贵族爬上元首宝座的第一人。他是一位优秀的统帅，同时也是一位颇有行政才能的执政官。他鉴于前朝之失，采取了较有效的措施来缓和各方面的矛盾。他尊重元老院的政治地位，注意吸收东方各行省的大奴隶主贵族参加元老院，以扩大元老院的基础；他

涅尔瓦皇帝塑像

罗马文明

哈德良皇帝拜访陶器店 阿尔玛·泰德马画

任命一些忠于职守的亲信到行省去做总督，改善中央和行省的关系；他懂得培养民力的重要，于是轻徭薄赋，减轻人民的负担，并用政府贷款的方式，帮助小农维持生计。此外，他还沿袭涅尔瓦所创行的办法，即由政府拿出一部分税款在各地设立基金，用以养育贫苦无告的孤儿。他因此获得了元老院赠给他的"最佳元首"称号。

　　第三个继位者便是哈德良。哈德良是一位博学多才的皇帝，在文学、艺术、数学和天文等方面都造诣颇深。他当政时，致力于整顿内政，加强皇权统治。从奥古斯都开始的建立帝国官僚机构的工作，到他这一时期才最终完成。哈德良放弃了大规模进攻的政策，而仅着眼于防守。为了抵御日耳曼人的南侵,他在现今德意志的南部筑了一道长城,把莱茵河上游与多瑙河上游连成一片。此外,他又在不列颠岛北部建造了横贯东西的"哈德良边墙",以防御那些居住在现今苏格兰的"蛮族"的侵入。

到了安东尼统治时期,罗马帝国也达到了它的极盛时期。安东尼对外采取防御政策,对内维持和平局面,加强行省的管理,整顿财政,兴修道路,促进了行省的繁荣和商业发展。在统治的23年中,他继承了哈德良的政策,对内注意调整各方面的关系。因此,他即位后首先免除人民的欠税,将大量私产捐入国库,并承担全部节日费用。同时,他又购买酒、油、米、麦,免费分配给平民。他善于理财,勤俭治国,"如关心自己一样关心别人"。他鼓励教育,供给贫困儿童就学,并扩大教师和哲学家的特权。安东尼是一位温和、仁厚、善良并和蔼可亲的君主,被元老院授予"庇护"称号。

到了马可·奥里略当政时期,罗马帝国就开始危机四伏。帕提亚帝国屡犯边疆,北方蛮族也乘虚而入。入侵者虽被挫败,但罗马实力已显不足。

这五人前后相继,使罗马帝国得到了近100年的和平与安定,政治清明,经济发展,社会繁荣,人民富裕,达到了罗马帝国的"黄金时代"。这五位皇帝宽厚谦虚,施行仁政,深受臣民爱戴,因此该时期也被称为"五贤帝"时代。

奥里略去世以后,他的儿子康茂德继位。康茂德生性懦弱,色厉内荏,重武轻文,统治时期实行暴政,后来被杀死,安东尼王朝也随之结束。五贤帝开创的黄金时代便一去不复返了。

"四帝共治"

公元3世纪的罗马帝国开始走向衰落,面临重重危机。奴隶制经济走向末路，大农庄和矿山以至一般作坊，都难以维持，帝国的财政收入受到严重的影响。而统治阶级却过着骄奢淫逸的生活，官吏贪污成风，再加上节日庆典繁多，国家已经支持不了这样庞大的开支。此时，帝国境外的日耳曼人又不时越境到农村进行抢劫，给农业生产造成重大损失。国家经济衰退，城市衰落，军队颓靡，民生困苦，不堪捐税负担的贫民到处流亡，盗匪横行，整个国家动荡不安。劳动人民难以度日，各地民众起义连续爆发。非洲、高卢发先后生了奴隶、隶农起义，牧人起义，他们杀死豪门贵族，分占其土地和财物，占领广大地区，并且选出自己的领袖，宣布脱离罗马帝国。罗马帝国于是陷入了风雨飘摇的境地。

公元284年，戴克里先就在这样的动荡时期登上了宝座。戴克里先继位后，对内残酷镇压了高卢等地的起义，对外战胜伊朗，打退日耳曼人的入侵，暂时巩固了边疆。接着，他便引以为安，公开仿效波斯君主，以"上帝之神"自居，穿戴有珍珠宝石装饰的冠冕服装，要求臣下晋见时行跪拜之礼。从此以后，"君主"代替了"元首"而成为皇帝的正式称号，罗马帝国也正式进入了"君主制"时代。

戴克里先上台后实行了一系列的改革和强化措施。在行政方面，他把帝国分成四个部分，由四位统治者治理，实行"四帝共治制"；取消了元首省和元老院省的划分，以加强对行省的控制，并把整个帝国划分为12个大行政区。

军事方面，他把军队分为边防军和巡防军两种，边防军用以对付外族的入侵，而巡防军则用来镇压人民起义和从事远征。这样就减少了每个军团的人数而增加了总军团数。他大量征募隶农，吸收蛮族充军。

戴克里先的另一项重大措施是实行新税制。在此之前，罗马税制混乱：有的地方（如意大利）不交直接税（人头税、土地税），有的地方交纳实物税（埃及、阿非利加交粮食），有的地方交纳现金或现金与实物二者兼交。戴克里先规定，赋税以实物为主，并统一税制。农村居民一律交人头税和土地税，城市无地居民只纳人头税，而官吏、老兵、无产者及奴隶免税。但事实证明，这样反而更加重了人民的负担。

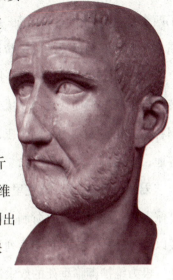

戴克里先又改变币制，铸造一罗马斤（合327.45克）的1/60的金币，比屋大维制造的金币减重1/3，但比3世纪危机时制出的劣质金币含金量多一些。由于物资缺乏，物价依然上涨，戴克里先金币仍不能广泛流通。为限定物价，戴克里先于公

戴克里先头像

元301年颁布"物价敕令"，对各种物品都规定了最高限额，抬高市价者要处死刑。但由于脱离实际经济状况，结果适得其反，投机和黑市交易反而变得更加风行。

戴克里先的一系列改革，表面上看似乎暂时稳定了罗马，但由于这些措施违背了历史客观规律，并没有达到他最初的目的，反而加重了罗马帝国原本就已深重的危机。305年，戴克里先退位。经过一番争夺帝位的混战，政权落在了君士坦丁手中。

余晖照耀下的帝国

君士坦丁早年在罗马皇帝戴克里先的宫廷中长大，后以军官的身份参加了征伐多瑙河下游地区的战斗。公元305年，他与父亲君士坦提乌斯一道渡海出征不列颠，在不列颠北部大战一场。公元306年，君士坦提乌斯在约克去世，君士坦丁随即被军队拥立为帝。312年，君士坦丁一世在罗马的米尔维桥打败了罗克森提乌斯，从而成了罗马西部的

唯一统治者；第二年，李锡尼乌斯完全掌控了罗马东部。于是，出现了两个皇帝共治天下的局面。直到公元323年，君士坦丁击败李锡尼乌斯，才成为罗马世界的唯一统治者。

鉴于自己起兵夺权的经历，君士坦丁认为"四帝共治"纯属徒劳，于是废除它而代之以"家天下"，分封子侄们为"恺撒"，治理帝国各地。他本人则为全国帝王，直接控制帝国的核心地区。他经常巡视各地，子侄们也均俯首听命。

君士坦丁完成了戴克里先的官僚改革，增加了官僚职位，扩大了官僚人数；同时实行官阶制，以严格的等级来划分全国官员，并按阶品授以尊贵的头衔，享有一系列特权。君士坦丁自以为得意，不断颁布法令，极力维护濒临垂死的奴隶制度，企图重振帝国雄风。同时，他将帝国划分为高卢、意大利、伊利里亚和东方四个大行政区，下设行政区，再下为各行省。

君士坦丁重做"帝国梦"的同时，还采取了两项对后世有重大影响的措施。当时罗马帝国基督教兴起，而基督教对于君士坦丁来说，与其说是一种信仰，倒不如说是一种使罗马帝国安定、统一和有规律的工具。因为他对基督教有条不紊的秩序与道德行为，在祭奠仪式中不杀生的现象，对神职人员的尊敬，无怨地接受生活中的各种不平等，以及盼望来世的欢乐等均印象深刻。他觉得这个新的宗教可以净化罗马的道德，革新婚姻与家庭制度，并降低人们对战争的狂热。尤其是基督徒们即使受了较痛苦的压迫，也极少反抗国家；他们的教师教导他们要顺服在上掌权者，并告诉他们君权的神授。这正好与君士坦丁企望专制君主制度的思想不谋而合。于是在公元313年，他颁布了"米兰敕令"，承认基督教的合法地位。同时，还决定偿还教会先前被没收的财产，并免除教会神职人员的徭役。这样便使基督教成了罗马皇帝对内实行统治的精神工具。最后，在他感到死神将至之时，还请来一位牧师为他施洗，希望借此洗尽他一生的罪污。

君士坦丁做的另一件有重大影响的事就是迁都。当时帝国西部历经战乱，日益走向衰落，东部则比较富裕，文化也很发达，于是君士坦丁打算向东迁移，也便于对东方领土的统治。公元330年，君士坦丁在希腊旧城拜占庭大兴土木，修建了一座可与罗马相媲美的新都，定名为君士坦丁堡，意为君士坦丁的城市。随后便迁都于此，从此这里便成为帝国统治的中心和连接东西方的最大都市。

君士坦丁极力维护奴隶制度，重申主人有权处死奴隶，并准许父母出卖子女为奴；并颁布敕令规定隶农及其后代必须固守在土地上，逃亡隶农必须加镣送回原主；对于表现不好的被释奴隶，允许奴隶主将被释奴隶重设为奴；他还把隶农下降到类似奴隶的地位。君士坦丁的这些措施，是奴隶主阶级为维护腐朽的奴隶制而倒行逆施的突出表现，不但没有巩固奴隶制度，反而加速了它的瓦解。

君士坦丁的"家天下"没能维持多久，他刚刚去世，他的后代便

君士坦丁大帝兴建君士坦丁堡

因争夺帝位相互开战。罗马再次映在火光下，但这一次并不是朝阳，而是余晖了。

"永恒之城"的陷落

罗马帝国的衰亡 托马斯·库提尔画

公元395年，罗马皇帝狄奥多西临终时将帝国一分为二，交给他的两个儿子治理，分别称为西罗马和东罗马。西罗马仍然以罗马为都城，东罗马则建都君士坦丁堡，从此罗马帝国正式分裂。西罗马帝国的军事力量十分薄弱，主要依靠日耳曼人的雇佣军队来维持统治，军官也往往由日耳曼人的首领充任。西罗马帝国已走在末路，各地奴隶、隶农、贫苦人民纷纷起义。从公元3世纪中期起，帝国境内的意大利、西西里、北非、埃及等地相继爆发了人民的反抗斗争，尤其是发生在高卢地区的人民起义"巴高达运动"，规模最大，时间最长。

正当罗马帝国日益衰落的时候，散布在它北部疆界外的日耳曼人（罗马人称他们为"蛮族"）不断地侵犯罗马边境，成为罗马帝国的重大威胁。日耳曼人组成部分很复杂，主要有哥特人、汪尔达人、勃艮人、法兰克人及匈奴人等。

日耳曼人入侵，西罗马帝国面临着规模空前的内忧外患。日耳曼人也像洪水猛兽一般地从四面汹涌而来，与各地的起义军最终合成一体，成为了最后冲击西罗马帝国的洪流。5世纪初，西哥特人发动攻势，先洗劫了希腊，然后向西攻入意大利，奴隶们和雇佣军纷纷加入他们的队伍。410年，西哥特人围攻罗马，在奴隶们的帮助下，罗马城就陷入"蛮族"之手。西哥特人洗劫罗马三天三夜，接着折向意大利南部，后来北上转入高卢南部和西班牙。419年，建立起西哥特王国。就在西哥特人进攻意大利的时候，汪达尔人、勃艮第人、法兰克人也突破了西罗马帝国的北部边界。汪达尔人穿过高卢和西班牙，渡过海峡，攻入北非。北非的奴隶和隶农同渡海而来的汪达尔人结合起来，扫除了罗马的统治。439年，汪达尔人在北非建立汪达尔王国。汪达尔王国迅速取得西部地中海的霸权，于455年派遣舰队渡海北上攻打意大利。罗马城再次被蛮族攻陷。汪达尔人在罗马劫掠了15天，庐舍全被摧毁，文物洗劫一空。457年，勃艮第人在高卢东南部建立勃艮第王国。到5世纪中期，西罗马帝国的行省已经大部丧失，先后被日耳曼人占有。在意大利，西罗马的中央政权也操纵在了日耳曼雇佣军将领手里，皇帝也由他们随意废立。

西哥特人首领阿拉里克洗劫罗马 佚名画

西罗马帝国已是笼罩着一片战火狼烟。公元476年，日耳曼雇佣军的将领奥多亚克废除了西罗马的最后一个皇帝罗穆路斯·奥古斯都，至此，西罗马帝国在奴隶起义和日耳曼人的打击下彻底灭亡了。一个被迫离开罗马的贵族口中不停哀悼："罗马，星辰沉落，是为了重生其光；火炬浸湿，或许燃烧得才更加明亮……"

一代"永恒之城"就这样陷落，落下了它沉重而哀悼的帷幕。

微信扫码
☑拓展视频 ☑图文资讯
☑趣味测评 ☑阅读分享

南征北战的年代

——罗马全面战争

罗马，从它诞生的那一刻起，冥冥之中就注定了要在战火烽烟中成长。罗马的土地上至今似乎还留有当年战骥铁蹄的印迹。让我们再一次回顾那些惊心动魄的时刻，再现那些金戈铁马的年代。

纵横驰骋
——地中海的新主人

公元前3世纪，罗马已经成为了意大利半岛的主人，而地中海地区仍由几个大国各分天下，东方有希腊化的马其顿、埃及和叙利亚，西方则有迦太基。随着罗马的逐渐强大，它与这些大国的地域之争也日益激化，一场浩劫不可避免地发生了。

布匿战争

迦太基位于非洲北岸（今突尼斯境内），是公元前9世纪后期腓尼基城市推罗建立的殖民地，比罗马建国要早100多年。它拥有良好的港湾、肥沃的土地，处于连接东西地中海的交通要道，是天然的海上贸易据点。公元前6世纪，巴比伦的尼布甲尼撒灭了泰尔，迦太基就切断了与宗主国腓尼基的一切联系，成为一个独立国家。

从公元前264年开始，罗马和迦太基两国争夺西地中海地区的霸权，引发了一场持续100多年的争霸战争。这场战争的时间之长、影响之大是双方都始料不及的。因罗马人称迦太基为"布匿"，所以这场战争就被称为"布匿战争"。

神奇的乌鸦舰队

罗马和迦太基早有交往。公元前348年它们之间订过通商条约，公元前279年又缔结盟约共同反对皮洛士。战胜皮洛士之后形势陡然变化，共同的敌人已不复存在，往日的同盟者却发现它们相隔着一条狭窄

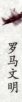

的墨西拿海峡，正处于两军对峙的状态。后来罗马不断地对外扩张，与迦太基统治集团的既得利益势将发生冲突。两大奴隶制国家争夺西部地中海霸权的一场战争，终于一触即发了。

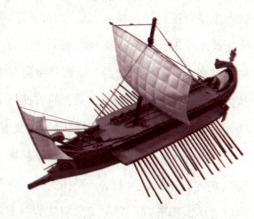

古罗马用的三列桨船模型

第一次布匿战争的导火线是所谓的"墨西拿事件"。当时迦太基占领了西西里的大部分地区，只有东部的叙拉古城和墨西拿城是希腊人的殖民城。在皮洛士战争期间，叙拉古雇佣兵中有一批意大利人（自称"玛尔美提"，意为"战神之子"），强占了西西里岛东北端的墨西拿。公元前265年，叙拉古王出兵包围墨西拿，墨西拿分成两派，分别求援于迦太基和罗马。迦太基出兵援救并控制了墨西拿，而这时对岸的里吉姆已在罗马手中。罗马统治者一方面担心迦太基人占领叙拉古从而独吞西西里岛，会造成对它的更大威胁，但另一方面倘若出兵援助墨西拿中的一派，那就等于同强大的迦太基作战。元老院对此迟而未决。最后公民大会决定出兵，于是公元前264年罗马军队开入西西里岛，第一次布匿战争爆发。

在陆战中，罗马军队自然打得是得心应手，连连取胜。可到了海上，就暴露出不适于海战的弱点。由于士兵晕船等原因，罗马海军在海战中不断失利。于是聪明的罗马人发明了一种"接舷小吊桥"。吊桥的两边有栏杆，末端有一个铁抓钩，铁钩就像乌鸦的嘴一样，所以装上这种小吊桥的新型战舰又被称为"乌鸦战舰"。

双方在海上展开交战。罗马战舰遇到了迅猛撞来的迦太基战舰，一向以海军制敌的迦太基人自信十足，对罗马的舰队不屑一顾，甚至连队形也没有排列好，就加大马力向罗马战舰冲去。迦太基军队投掷各式枪、箭来攻击，但都被罗马战舰上竖起的吊桥抵挡住了。罗马战舰继续向前驶来，并不掉转舰身，反而尽量向迦太基舰船靠拢。双方战舰越来越近了，只见罗马士兵放下系在船首桅杆上的那座小吊桥，吊桥末端的铁钩紧紧钩住了迦太基战舰的甲板。接着，大批罗马士兵神速跃过吊桥，冲向敌舰甲板，同迦太基人厮杀起来。转眼之间，甲板成了战场，海战变成了陆战。迦太基人死伤无数。罗马就凭着这种新式战舰第一次在海战中取得胜利，号称无敌舰队的迦太基海军损失了数十艘战舰，遭到一次毁灭性的打击。

罗马虽然胜利了，但接下来却遇到更大的灾难。罗马人虽然在起初的战争中取得了胜利，占领了一些小城，但始终未能攻破迦太基城。罗马几次重建海军，向迦太基进攻，但都没有成功，而且还遭遇了海上风暴，损失惨重。这场战争拖了24年之久，双方都筋疲力尽、国库空虚。于是公元前241年，双方讲和，迦太基割让西西里等地中海岛屿给罗马，并向罗马赔付巨款。罗马因此控制了西地中海，而西西里岛则成为罗马的第一个海外领地。

汉尼拔奇谋远征

迦太基在第一次布匿战争惨败后，失去了富裕的西西里岛。为了补偿这个损失，迦太基决定去攻占西班牙，因为那里有丰富的铁矿、银矿和木材。迦太基人企图在那里建立军事基地，以报罗马一箭之仇。公元前237年，迦太基将领哈米尔卡率军渡海侵略西班牙，其子汉尼拔跟随前往。在出征前举行的祭神仪式上，哈米尔卡把汉尼拔带到神庙前，让他跪在祭坛前当众宣誓："长大成人以后，一定要成为罗马不共戴天的敌人！"于是迦太基军队出征西班牙，很快征服了当地一些土著部落，并不断向西班牙内地拓展势力，建立了一座新迦太基城。哈米尔卡死后，汉尼拔荣任最高统帅。汉尼拔学识丰富，有勇有谋，平易近人，身先士卒，是难得的一代将才。

迦太基的扩张渐渐引起了罗马人的注意，后来罗马代表与迦太基达成协议：迦太基军队不越过埃布罗河以北，罗马人也认可迦太基人在埃布罗河以南所获得的权益。但是，埃布罗河以南的一个沿海城市萨贡托却不愿归附迦太基，多次向罗马求援，并与罗马结盟。公元前219年，汉尼拔不理会罗马人的警告，一举攻占了萨贡托，于是第二次布匿战争爆发。

罗马为了减少损失，计划把战争限制在西班牙和非洲，尽量不要在意大利本土作战。按这个计划，罗马军队兵分两路，一路由西西里进攻迦太基本土，一路从西班牙登陆，牵制汉尼拔的军队，使他不能援助非洲领土。但汉尼拔以超人的胆识，毅然决定进攻意大利本土，要把战火直烧到罗马心脏地区。但自从第一次布匿战争之后，迦太基海军被摧毁，而罗马海军都巡守在沿海一带，陆军集结在意大利南部，中部和北部地区的防御力量相对薄弱。于是汉尼拔决定把中北部作为突破口。

公元前218年春，汉尼拔亲自率领5万步兵、900骑兵及几十头战象，从西班牙的新迦太基城出发，北上越过比利牛斯山，跋山涉水，历尽艰险，抵达阿尔卑斯山。阿尔卑斯山山高坡陡，道路崎岖，山上还覆盖着终年不化的积雪。一路上他们行军艰难，到处遇到悬崖峭壁，不断有战象、马匹和战士摔死在万丈深渊里。同年9月底，汉尼拔率领的这支军队终于冲破重重险阻，翻越了欧洲最高的阿尔卑斯山，到达意大利北部的波河平原。

汉尼拔军队的突然出现，令罗马人十分震惊，他们决计没有想到汉尼拔竟翻山越岭地出现在他们眼前。毫无准备的罗马人慌忙派军前往抵抗，被汉尼拔一举击溃。此后，汉尼拔在意大利纵横驰骋了十几年，以巧妙的战术屡败罗马军队。

但罗马人从来都不会认输。他们一面不断改进军队，一面也不断筹划着怎样对付迦太基。公元前210年，罗马率军进攻西班牙，次年，罗马人占领新迦太基。这样就切断了汉尼拔的退路，汉尼拔于是向迦太基本土求援，可支援的队伍在意大利北部被罗马军歼灭了。公元前202年，罗马又远征迦太基本土，孤立无援的汉拔尼只好回国救援，但在扎马附近遇到了罗马军。在这里，汉尼拔遭遇了平生第一次也是最后一次失败。此后，他流亡叙利亚，不久便自杀身亡了。

汉尼拔雕像

公元前201年，迦太基被迫求和，条约规定除向罗马巨额赔款外，还要交出阿非利加以外的全部领土；除保留10艘船舰外，其余一律交于罗马，并且非经罗马准许不得与别国交战。从此，迦太基沦为罗马的附属国。罗马至此取得了在西部地中海的霸权地位。

毁灭迦太基

第二次布匿战争之后，迦太基在军事政治上已无力和罗马竞争，但在经济上仍有相当潜力。罗马统治者担心迦太基经济上的壮大，会导致它军事上的东山再起，所以总想寻找借口消灭迦太基。元老迦图每次在元老院发言，不论讨论什么问题，最后一句话总是说："迦太基必须被毁灭！"可见，罗马与迦太基之间的仇怨注定他们是不能共存的。

公元前150年，罗马的盟国努米底亚的酋长马西尼萨进犯迦太基，迦太基被迫进行自卫。罗马于是声称迦太基违反公元前201年合约中的条款（非经罗马准许不得与别国交战），终于向迦太基宣战。罗马军队在非洲登陆，迦太基自知远不是罗马对手，只得忍辱求和。迦太基解除了自己的全部武装，但罗马人并不就此罢休，他们向迦太基提出更为苛刻的条件：交出显贵家族的300名儿童作为人质，上缴所有武装和船只，迦太基所有居民撤离迦太基城。并宣称要铲平并毁灭迦太基城。这样的灭族亡国的要求使迦太基人悲愤异常，他们纷纷拿起武器，誓与迦太基城共存亡。于是，公元前149年，布匿战争再一次爆发。

第三次布匿战争与其说是两国的交战，倒不如说是迦太基城的保卫战。迦太基人奋力保卫祖国，所有金属都铸成武器，妇女剪断头发制成弓弦，甚至释放奴隶，把奴隶编入军队。迦太基人同仇敌忾，顽强抵抗。因此，这次战争并没有像罗马人所期待的那样顺利。罗马军包围了迦太基城离年都没有什么突破，反而自己因为距离遥远而粮草供应紧张。

直到公元前146年，曾经打败汉尼拔，在罗马享有众望的科尔涅里乌斯·西比阿的过继孙子小西庇阿当选执政官。小西庇阿率重兵来到非洲，以强大的兵力突破了迦太基的外城防线，罗马军队破城而入。罗马军践踏洗劫了迦太基城，约有8万迦太基人奋战至死，余下5万人皆沦为奴隶。迦太基城被夷为平地。随后，罗马在迦太基领土上建立了行省，称为阿非利加省。从此，曾经屹立于北非的繁花似锦的迦太基从世界文明史上消失了。

小西庇阿将军占领迦太基
提埃波罗画

从公元前264年至公元前146年，历时100余年的布匿战争终于告一段落。迦太基为这场浩战付出了惨烈的代价，而罗马不仅灭掉了争夺西地中海领地的劲敌，而且还在原迦太基占领的西班牙镇压了反抗暴动，建立了近西班牙省和远西班牙省两个行省。同时，罗马还加速了其向东扩张的步伐。

三战马其顿

马其顿原在希腊文明的边缘，但从公元前4世纪起，逐渐成为希腊北部的重要国家。马其顿地处巴尔干半岛，战略地位重要，到公元前3世纪，已跃居为东地中海的主要强国。

早在第二次布匿战争期间，罗马就在亚德里亚海沿岸建立了一军事据点，对此马其顿王菲力普五世一方面心怀妒忌，另一方面又担心罗马借机东扩。于是公元前215年，菲力普与汉尼拔缔结了一个同盟条约，约定两国互相支持，共同反对罗马，这就种下了与罗马敌对的种子。但是从订立盟约后直至公元前205年，菲力普率船队进攻罗马，在希腊的据点阿波罗尼亚失败后就再也没有对罗马有过什么大的进攻。原因是马其顿素来与希腊城邦关系紧张，许多希腊城邦参加了反马其顿的联盟，致使马其顿无暇顾及与罗马的争斗，只与罗马有过一些零星的小战斗。有人便把这一期间罗马与菲力普之间的敌对称为第一次马其顿战争。直到公元前205年，菲力普才与罗马订立和约。马其顿在希腊的势力被削弱，而罗马保留了希腊沿海领地。

菲力普五世野心勃勃，不久便又开始联合叙利亚赛琉西王国，密谋瓜分埃及托勒密在地中海东岸的领地，并对一些希腊城邦采用高压政策，干涉他们的内政。希腊城邦自然不满菲力普的行为，又组成了反马其顿的联盟，并开始向罗马求援。而此时，罗马已战胜迦太基，正欲东扩。公元前200年，罗马便以菲力普敌对罗马同盟为理由，向菲力普宣战，史称第二次马其顿战争。马其顿公元前197年，罗马司令官费拉米尼努斯率2万罗马军与菲力普的2.5万军在贴撒利亚大战，菲力普战败，承认希腊各邦独立，放弃国外领地，并支付巨额赔款。菲利普虽仍为马其顿王，但需交出舰队，撤离希腊。

公元前179年，菲力普死，其子伯修斯继位。伯修斯很有头脑，通过各种手段努力发展马其顿，该国很快便又强大起来。于是他又组织反罗马同盟，积极扩军备战。罗马大为不满，公元前171年，再次宣战马其顿。起初，罗马军总受挫。直到公元前168年，罗马执政官埃米利乌斯·鲍路斯率罗马军在彼德那与马其顿军决战，马其顿大败，伯修斯被俘。

罗马把马其顿分割为4个小国，分别设立议会和政府，但禁止它们互相往来。罗马对马其顿的残暴统治，激起了当地居民的反抗。公元前149年，马其顿爆发了一次反罗马的起义，但起义终被镇压。此后，马其顿变成了罗马的一个行省。

后来，罗马又消灭了希腊中马其顿的支持势力及反罗马势力，并于公元前146年打败了科林斯独裁将军克里托劳斯领导的亚加亚联盟，焚毁了科林斯城，结束了希腊的政治史。

皮德那战役

第三次马其顿战争时，罗马军与马其顿军的战争在皮德那达到了高潮。伯修斯率领一支3.2人的军队跟阿森河对岸鲍路斯率领的一支规模稍小的军队相对峙。公元前168年6月22日，正当阿森河两岸的军队都在饮马时，罗马军中有一匹马突然脱缰，冲到河里向对岸跑去，3个罗马士兵在后追捕。这时，马其顿军中有两名士兵想上前捉住脱缰的马，结果被罗士兵将其中1人打死。马其顿前哨士兵很气愤，就对3名罗马士兵进行报复。罗马方面也不肯示弱，也冲上去进行对抗。这样，双方士兵之间发生了毫无指挥的争吵和混战。鲍路斯看到混战已经开始，要想召回这些士兵是不容易的，便想不如趁机利用士兵的锐气，向马其顿军发动进攻。于是率领全军排兵布阵，双方迅速摆开阵势。

战斗一开始，马其顿军率先采取主动，迅速渡过阿森河，攻击速度出人意料。马其顿方阵步兵一个个手握长矛，以锐不可当之势向靠近河岸的平坦地区席卷而去。包鲁斯看到这可怕的景象感到恐慌，罗马军几次企图突破马其顿军用长矛组成的森严壁垒都失败了。在马其顿军强大力量的打击下，中央罗马军团被迫向后退却，其他两翼看到中央军团向后退，也都跟着向后退，以致整个罗马军队都退到了罗马营地附近的高地上。

战局的发展对马其顿十分有利，他们已经掌握了主动。但随着马其顿军的不断推进，地形变得高低不平，深沟峡谷越来越多，对马其顿方阵很不利，而伯尔修没有意识到这一点，仍继续追击。于是，马其顿方阵被分隔散开，出现了缺口。

正在退却的包鲁斯发现这个良机，立即停止后退，把兵力分开转入进攻。他命令各百人队化整为零独立行动，迅速突入敌军出现的空隙之中。于是，一场大的会战变成了许多独立的连续的战斗。罗马军从侧面和后方攻击，使马其顿方阵的优点完全失去作用；另一个军团和拉丁

战斗中的罗马战士

联军则一起向马其顿左翼的雇佣兵发起进攻；包鲁斯则率领一个军团冲入马其顿和左翼之间的大缺口，切断了其两翼的联系。战势很快发生了转变，马其顿方队队形散乱，四面受击，全军陷入混乱。罗马军冲入敌人阵线内部，双方展开短兵相接的战斗。马其顿军的长矛和笨重的战斧在混乱的人群中难以发挥作用；马其顿骑兵面对混乱的厮杀，也无法施展威力。

在罗马军的打击下，马其顿军左翼首先被击溃逃跑，接着马其顿方阵被冲散。看到步兵被击溃，马其顿骑兵也逃之夭夭，惊慌失措的伯尔修第一个抱头鼠窜，带领毫无损失的骑兵逃到安菲波利斯。战役中，马其顿军有2万人被杀，1万人被俘，而罗马军损伤轻微。

皮德那一战在罗马对东方的征服中具有决定性作用。落后于时代的马其顿方阵在灵活的罗马军团面前崩溃了，马其顿王国也因此彻底灭亡。从此，罗马变成了一个世界性强权帝国，在地中海建立了稳固的霸权，也结束了古代希腊城邦分立的局面。

大败塞琉西

公元前200年以前，罗马并没有进攻亚洲地区的企图。塞琉西国家也没有同罗马发生过任何联系。直到公元前223年，极富野心的塞琉西王安提奥库斯三世开始伺机扩疆拓土。

公元前209—前197年，安提奥库斯先后进攻波斯及向小亚细亚一带扩张，并与马其顿王菲力普五世密谋瓜分埃及托勒密在地中海东岸的领土。公元前197年，塞琉西把希腊在小亚的名城以弗所建为第二首都。次年，又宣称赫勒斯滂海峡以西，色雷斯的一部分应归塞琉西所有。同时继续在小亚细亚扩张，对帕加马等地构成了严重的威胁。帕加马和小亚细亚的一些其他希腊城市感到恐慌，纷纷向罗马求援。

公元前192年，塞琉西趁马其顿兵败之时，渡海侵入欧洲，占领了色雷斯，甚至企图吞并马其顿。塞琉西的野心终于惹怒了罗马，公元前191年，罗马派军到帖撒利亚，4月在温泉关，仿当年波斯败斯巴达王李奥尼达之先例，绕到敌后击败塞琉西，迫使他们退出欧洲回到亚洲。

此后，罗马与塞琉西的战事转到亚洲和爱琴海。公元前191—前190年，罗马军依靠盟邦帕加马和罗德斯海军之助，在科里库斯海角两次击败塞琉西的舰队。次年，双方又在小亚细亚的马格尼亚发生激战，结果罗马的3万军仅以300人的损失击败了塞琉西的7万之众。

塞琉西兵败求和，双方订立条约：塞琉西放弃对欧洲和小亚细亚的领土要求，并赔款；除保留10只舰船外，其余全部交出。至此，塞琉西已失去了重要地位并日趋衰落，只沦为罗马的附庸。

公元前2世纪中期，意大利及地中海地区的国家都成为了罗马的臣子。只有埃及托勒密苟延残喘，根本无力与罗马抗衡，到公元前30年，也被屋大维征服立为行省。罗马以其唯我独尊的姿态笑傲于世界之林。

以弗所的古罗马遗迹

威风八面
——世界帝国的形成

　　高卢主要由山南高卢、那尔旁高卢和山北高卢三部分组成。山南高卢和那尔旁高卢早已成为罗马的行省，只有山北高卢独立。公元前58—前51年，古罗马发动了征服山北高卢地区的战争。

　　山北高卢又称外高卢，包括阿尔卑斯山以北、莱茵河以西今法国、卢森堡、比利时及荷兰、瑞士的一部分。居民成分复杂，主要是高卢人（克尔特人）和一部分日耳曼人。虽然高卢地区在政治上并不是统一的，但它在经济上却是相当发达的，是一块人口众多、生活富裕的国土。不过个别部族的处境之间，区别还是相当之大。其中某些部族似乎还处于氏族生活的阶段，而另一些部族则已在国家形成的道路上走了很长的一段路。由于各地区发展阶段参差不齐，高卢一直没有形成统一的国家，因此各氏族部落为争夺领地而频频开战。后来这种争夺战争愈演愈烈，以至于公元前58年，高卢其中的一支赫尔维提伊人为躲避苏埃比部落的骚扰，决定向卢姆那河河口方向迁移。

　　当时恺撒与克拉苏、庞培结成"前三头同盟"，在克拉苏和庞培的支持下，恺撒当选为公元前59年的执政官。任满一年后，又获得了高卢行省总督的职位。赫尔维提伊人决定通过那尔旁高卢的平坦大道去往卢姆河河口，恺撒得知这一消息后，非常吃惊。为保护自己管辖的行省高卢免遭损失，他急忙率军来到与赫尔维提伊人交界的盖纳瓦城（今日内瓦），并命人拆掉了通往盖纳瓦的桥梁。赫尔维提伊人得知后立即派人求见恺撒，请求允许他们通过那尔旁高卢，并在通行期间保证那尔旁高卢的安全。恺撒拖延了答复，却命人在那尔旁高卢的东北边界上修筑了一座长19罗里、高16罗尺的城墙，以阻止赫尔维提伊人的通行。于是赫尔维提伊人改走另一条狭窄崎岖的小路。但罗马和高卢之间的怨结已深，恺撒认为赫尔维提伊人对罗马怀有敌对态度，对那尔旁高卢始终是个威胁，于是同年秋，恺撒发兵，在比布拉克铁附近重创赫尔维提伊人。又接着发动了第二次远征，在上阿尔萨斯附近击败了各日耳曼部落的联军，将其赶过莱茵河。莱茵河也成为了罗马最北端的边界。

公元前57年，北高卢的贝尔盖人聚集了30万大军要与罗马决战，恺撒听闻后率军发动了第三次高卢战争。这次战争不仅打败了带头挑衅的贝尔盖人，同时又征服了南高卢的阿奎塔尼亚人。至此，经过仅三年的远征，整个高卢便完全处于罗马人的控制之下了。此后，恺撒竭力拉拢高卢各个部落的上层分子，使其成为罗马的忠信，再由他们去统治各个部落。这就是恺撒用高卢人之手征服高卢人的策略。

恺撒在高卢作战也不是一帆风顺的，遇到过许多困难，如军队给养缺乏等。但最令恺撒头疼的是高卢人不断掀起的反抗罗马的斗争。为镇压这些起义，恺撒先后又对高卢进行了五次远征。

公元前54年，外高卢人乘恺撒兵力分散之机，掀起大规模暴动。两年后，整个高

凯撒雕像

卢地区爆发了更大规模的起义，参加者达几十万人。他们到处袭击罗马军的辎重和粮草，切断恺撒军团之间以及与意大利本土的联系。其中声势最大的起义是由中部阿弗尔尼部落青年族长韦辛格托里克斯领导的，联合了几乎所有高卢部落共同反抗罗马的入侵和暴政的起义。起义军声势浩大，作战勇敢，实行"焦土"政策，使罗马的军粮借应发生严重困难。恺撒采取分化瓦解、各个击破策略，最后将韦辛格托里克斯所率主力包围在阿莱西亚城（在今法国第戎市西北）。起义军几次突围未成，终因断粮而失败。至公元前51年，高卢地区的反抗均被恺撒镇压，罗马当局在外高卢设立行省，外高卢全部归并到罗马版图。

高卢战争对恺撒来说可谓是辉煌的胜利，在不到10年的时间里，他征服了300多个部落、800多座城镇，歼灭和俘获了数百万人。通过这场胜利，恺撒将原来的政敌变为他的支持者，还赢得了广大士兵的支持，并建立了一支能征善战的军队。全军由最初的4个军团，扩充到了11个军团。恺撒还写下了《高卢战记》，对这场战争进行了详细而客观的记载。恺撒不仅为罗马开拓了面积两倍于意大利的肥沃土地，而且还掠夺了巨额财富和大批战俘。由此，恺撒的地位和影响与日俱增，为其日后建立独裁政权扫清了道路。

吞并埃及

吞并埃及可不像之前的战争那样，凭借着罗马军团的强大力量就能获得成功，因为在入侵埃及的过程中，夹杂着个人的情感，以及罗马内部的敌对斗争等，十分的复杂。

埃及是非洲东北部尼罗河下游的奴隶制国家。经历了千年的发展，前后被亚述、波斯等所征服。到公元前305年，埃及进入了托勒密王朝统治时期。托勒密家族承袭了埃及人近亲婚配的制度，只在皇族内的兄弟姐妹之间联姻。克里奥佩特拉是托勒密·奥雷特国王最大的女儿。奥雷特便安排克里奥佩特拉和他最大的儿子托勒密十二世联合执政，并让他们结婚。

当克里奥佩特拉仅18岁时便和弟弟共同统治了埃及。但朝中两位重臣波希纽斯和奥克奇维安结盟与克里奥佩特拉为敌，企图让政权归于托勒密十二世一人名下。公元前49年，克里奥佩特拉被赶到了叙利亚。她在那里组建起一支军队，准备反攻埃及以求复位。第二年，克里奥佩特拉与托勒密在珀鲁修摆开了战场，准备为争夺埃及王位而战。也正是在这个时候，恺撒与庞培发生权力之争，庞培战败，逃到了埃及，恺撒也追赶来到埃及。

恺撒的到来，让克里奥佩特拉和其弟都看到了希望，因为只要得到恺撒的支持，就能获得埃及的王位。于是波希纽斯根据托勒密十二世的旨意，先假装对庞培热情欢迎，然后在他弃船登岸之际，将他处死，把他的人头献给恺撒，以求讨好恺撒。但克里奥佩特拉也并没有坐以待毙，按照传统，第一次见罗马要人时，要带去一条毛毯卖给他。于是克里奥佩特拉趁黄昏乘船离开了她的指挥部，悄悄进入恺撒驻扎的亚历山大城。她让人用毛毯把她裹起来，送到恺撒的住处。这样既躲避弟弟雇用的刺客，又给恺撒留下一个深刻的印象。她的心思果然没有白费。她以超人的胆识和智慧打动了恺撒，恺撒将她扶上了埃及的王位。后来托勒密十二世一伙又发动又反对恺撒的斗争，但很快被恺撒打败并在逃亡中死去。至此，恺撒征服了埃及，但并没有令埃及从属于罗马。克里奥佩特拉仍以女王的身份与她最小的弟弟托勒密十三世共同执政统治埃及。恺撒与克里奥佩特拉公开生活在一起，克里奥佩特拉还为恺撒生下一个儿子。

但不久，恺撒遇刺身亡，克里奥佩特拉只好又回到了埃及。恺撒死后，他的忠实战友安东尼控制了罗马的混乱局面。在腓力比战役中击败

安东尼和克里奥佩特拉 提埃波罗画

了共和派的军队后，他于公元前41年到东方省份巡视，并在塔尔索斯派使者去埃及，请埃及女王克里奥佩特拉来此会晤，目的是想吞并埃及。恺撒一死，克里奥佩特拉赖以依靠的支柱也随之崩溃，而此时安东尼的召唤，对她来说却是个福音。

女王乘坐豪华的彩船从亚历山大港启航，当她的船队靠近安东尼行营本部的伊菲苏港时，船上的乐队开始奏乐。岸上成千上万群众都赶来观看这难得一见的场面。女王的船队挂着紫色的船帆，船头包镶黄金，远远看去犹如一条金龙在碧波荡漾的海面上游动。女王乘坐的那艘彩船中央有一座由绢纱制成的大帐篷，上面点缀着五彩金线。克里奥佩特拉装扮成维纳斯女神的模样安卧其中。周围侍仆成群，美女如云。在岸上迎接的安东尼见此情景不由得神魂颠倒，将女王迎下船来，设盛宴款侍。女王又在船上设宴酬谢，送给安东尼许多稀世珍宝作为礼物，全无一丝乞怜或取悦之意。克里奥佩特拉再次以她超人的智慧与才干征服了安东尼，保住了自己的王位。整整一个冬天，安东尼不是与女王饮宴游猎，就是检阅军队，谈论艺术，如痴如醉，乐不思归。

在随后的几年里，安东尼对女王的眷恋更加深切，几乎到了没她不行的地步。有时因战事不得不分离数日，战事一结束安东尼又立刻回到女王身旁，后来干脆用军舰直接将女王接到战场。安东尼自作主张把罗马的小亚领土送与女王，后来还宣布正式与女王结为夫妻。在埃及王宫里，他们建造了一座名副其实的金銮殿，两人一起上朝，接受百官朝贺。女王头戴价值连城的珍珠钻石黄金冠，在"女王万岁"的欢呼声中，安东尼以"世界皇帝"的身份宣布克里奥佩特拉为"诸王之女王"，并封她的儿子托勒密十五世为"诸王之王"。还将叙利亚中部地区、眽尼基沿海的一些城市，塞浦路斯岛以及纳巴特王国的部分地区赠送给女王。

安东尼在埃及的所作所为激怒了罗马王公贵族，朝野上下对他私自将东方的土地赠送给埃及女王的做法一片指责怒骂。而最令罗马民众不堪忍受的是，安东尼立下遗嘱要将其下的全部罗马领土赠予埃及。整个罗马群情激愤，舆论大哗。元老院和公民大会以侵占罗马人民财产为理由，宣布剥夺安东尼执政官职务及其一切权力，并对埃及宣战。安东尼自知没有退路，只好率军与屋大维最后决一雌雄。

亚克兴之战

亚克兴之战是历史上具有双重意义的战争，既是罗马内部为争夺政治权力的斗争，也是罗马对外扩张领土、称霸世界的战争。而靠着这场战事名利双收的便是屋大维。

公元前31年，安东尼与屋大维的军队会战于亚克兴海角。亚克兴海角位于希腊半岛的西海岸，是希腊著名的军港。安东尼之所以选择这里作为战场，是因为这里不仅可以控制南意大利，同时也可以阻挡屋大维的军队在希腊半岛登陆。

从军队的数量来说，安东尼有战舰800多艘，步兵10万，骑兵1.2万；而屋大维只有250艘战舰，步兵8万，骑兵1.2万。安东尼占绝对优势。但从军队的质量来说，他的军队却不及屋大维，许多士兵都是从埃及临时征集来的。屋大维则准备充足，军队士气旺盛，实际战斗力很强。

屋大维是一位出色的军事家。两军刚一交战，他就命令舰队后撤，以诱安东尼军深入。安东尼果然上当，以为屋大维兵败之势，便下令舰队穷追猛打。这时，屋大维派出灵活的快速舰队，回头迎击。安东尼的战舰多半是巨舰，操纵转向不灵活，于是陷入被动，阵容开始出现混乱。这时，女王率领60艘战舰赶来，当她看见两军战舰冲撞，已进入白刃战时，顿时吓得浑身发抖，竟掉头逃命了。安东尼见大事不妙，也丢下10万将士，乘一只小船跟随女王逃往埃及。他的部下则因群龙无首，全部向屋大维投降。

安东尼与克里奥佩特拉回到埃及王宫，感到他们的末日快要来临，便纵酒狂欢，把战争、政权和整个世界都统统扔到脑后。屋大维的大军长驱直入小亚细亚，逼近埃及，眼看就要兵临城下了。安东尼跟克里奥佩特拉商议，要她出面向屋大维求和。只要屋大维不加辱于她，她可以退位；安东尼也交出他的军队，以私人身份隐居埃及。

　　屋大维断然拒绝了克里奥佩特拉求和的要求，并宣称除非女王杀掉安东尼，或者将他赶出埃及，否则便没有和解的可能。接着，屋大维下令对亚历山大利亚城发起猛攻。绝望的安东尼决定做最后的挣扎，他全副武装起来，率领剩下的步兵在城外山丘上列阵，准备拼死一战。可是，将士们却不愿为他卖命了，他们纷纷放下武器投降，有的甚至倒戈相向。屋大维的军队像潮水般地涌了上来，安东尼在绝望中自杀。克里奥佩特拉也随后用一条她早已预备好的毒蛇结束了自己的生命。屋大维把女王的遗体与安东尼葬在一起。为了罗马的利益，他处死了女王与恺撒以及她和安东尼的后代，从此结束了埃及托勒密王朝长达300年的统治。

梦幻之都

——古罗马名城

"我踏上罗马广场的废墟，走过每一块值得怀念的地方……当我坐在卡皮托山岗废墟中沉思时，赤脚的托钵僧人正在神庙中唱诗，撰写此城衰亡历史的念头涌上我心头。"

——英国近代史学家爱德华·吉本

"永恒之城"
——罗马城

公元前753年，在意大利的拉丁姆地区修建了第一座罗马城堡，是为罗马城防建筑的开始。当时的城墙是把长方形的大块岩石先制成一块块的砖块，然后再垒砌而成，砖块之间的空隙处则用小石块和碎石子塞满，再加黏土砌成。

公元前6世纪，罗马人又用砖块建造了卡庇托利山岗的城堡要塞。罗马早期城防建筑构造庞大、结构粗笨，并且要使用较多的人力和物力。从公元前4世纪起，罗马开始走上大规模扩张的道路，罗马人的城防建筑也随着军事形势的发展变化而不断改进。维爱战争后，高卢人突然南下，他们打败了罗马人的军队，一度占领了除卡庇托利山岗城堡要塞之外的罗马城。尽管高卢人在大肆抢掠一番之后就撤兵了，但这却使罗马人痛苦地认识到加强城防建筑的重要性。为了提防高卢人再犯罗马，罗马人在原先的城防基础上，建成了周长为10公里、厚达近4米、高为7米多的城墙。建筑城墙的材料是从维爱附近山上采来的大石块。此外，在地势险要和交通要道之处还修建了不少堡垒和塔楼，并将台伯河上的木桥改为石桥，用石料铺筑了四通八达的道路，并配以桥涵。整个工程至公元前378年全部完成。

从此，罗马开始有了坚固的城防建筑，可谓固若金汤，在此后的近千年里再未被外敌攻破过，并因此而获得了"永恒之城"的美誉。

美丽的城市广场

　　罗马城市一般都有广场，开始是作为市场和公众集会场所，后来也用于发布公告、进行审判、欢度节庆、进行政治演讲甚至举行角斗。广场多为长方形。在自发形成的城市中，广场的位置因城而异；在按规划建造的营寨城市中，大多位于城中心交叉路口。广场的发展可分为两个时期：共和时期与帝国时期。共和时期的广场是罗马社会政治、经济活动的中心，也是一个公共性质非常突出的公共场所；帝国时代的广场无论在规模还是数量上都超过了共和时期的，但随着专制制度的逐渐形成，广场的公共性、开放性就没那么突出了。

　　罗马广场：公元前7世纪末至前6世纪初，罗马人修建了罗马历史上第一个广场，即罗马广场。罗马广场坐落于罗马市区的中心地带，用大理石铺成，呈梯形状。在最初的罗马共和国时期，罗马广场是一个混乱的地方。这里有卖食品的小摊贩，有提供应召服务的妓院，还有求神

罗马广场一景

拜主的寺庙和参议院议厅。到了公元前2世纪，罗马人认为，他们需要一个更有利于健康的活动中心。因此，罗马广场上原有的食品店被商业中心和法庭所取代。尽管后来改建了旧建筑，而且新建了许多庙宇和纪念碑，但是罗马广场一直是举行仪式的中心场所。历代统治者在这里修建庙宇、宫殿、会议场所、政府机构；帝国时期添置尤多，而且规模宏大，石筑工程精细，十分壮观。广场上还有店铺和摊棚。它是政治、宗教、商业和公众活动的中心。4世纪罗马衰落，大规模的建设停止。5世纪，西哥特人（410年）和汪达尔人（455年）先后攻入罗马，广场遭到破坏，以后长期颓损。

恺撒广场：公元前78年，苏拉曾建立档案馆以增强罗马广场西侧的整体效果，而到恺撒时开始对广场全面改建。恺撒一面对原有广场进行改造，一面用征服高卢获得的战利品来购买建造的原材料，在罗马广场的西北角新建了一座广场，命名为"恺撒广场"。这是一个封闭的、按完整的规划建造的广场。小店和小作坊没有了，只保留了高利贷者的钱庄和雄辩学家讲演的敞廊。恺撒广场呈长方形，总面积达1.2万平方米。因维纳斯是恺撒家族的保护神，故广场后部立有围廊式的维纳斯神庙。广场中央耸立着恺撒的青铜像。由此开始，以后历代罗马皇帝都要修建以自己名字命名的广场。

图拉真广场：图拉真广场建于公元107年，是为了纪念图拉真大帝远征罗马尼亚获胜而修建的。图拉真广场是罗马最壮观的广场，它以一个凯旋门作为正门，里面用各色大理石铺地，广场长280米，宽190米。中心立着图拉真骑马镀金青铜像；另一端是一个纵向的会堂，会堂后的天井中耸立着图拉真纪功柱。穿过柱脚，后面还有一层院子，正中建造着图拉真祭庙。整个广场建筑鳞次栉比，开合有致。广场的型制参照了东方君主国建筑的特点，不仅轴线对称，而且做多层纵深布局。在将近300米的深度里，布置了几进建筑物，室内室外

意大利图拉真纪功柱上的浮雕

的空间交替，空间的纵横、大小、开阖、明暗交替；雕刻和建筑物交替。人们有意识地利用这一系列的交替，酝酿建筑艺术高潮的到来。纪念柱在广场最西侧，记录着皇帝征服罗马尼亚地区的战功。18块希腊产的大理石砌成高30米的圆柱，表面雕刻着达齐亚战争场面的宏大画卷，雕刻精美，气势恢宏，仅各种人物就有2500多个。浮雕按故事情节分，从下往上总长达200米。这里也是罗马的"购物中心"，有约150间店铺，所卖的物品也是包罗万象，有鲜花、香料、蔬果、海鲜等。据说古代罗马时期以低廉的价格将谷物卖给市民，而图拉真大帝时代为了更加讨市民的欢心，设立了这个大市场，将谷物和葡萄酒、橄榄油等分配给市民。图拉真广场是罗马最大的一个广场，并被称为"天下独一无二之奇迹"。

条条大道通罗马

城市规划是指对城市的空间和发展进行的预先考虑，涉及城市中产业的区域布局、建筑物的区域布局、道路及运输设施的设置、城市工程的安排等。罗马人是城市规划艺术的大师，至今欧洲许多城市仍深受罗马城市规划理念的影响。

罗马的城市规划不但反映了罗马人的政治理想与组织能力，也表现了他们的工程技术与生活方式。罗马城市的很多设施，诸如公共的活动空间、供水与排水系统、市街的交通系统、休憩与娱乐设施等，都达到了相当高的水准。

罗马疆域辽阔，地跨欧、亚、非三洲，为了军事统治的需要，历代统治者都以京都罗马为中心，建筑通达各省的国道。在意大利半岛，有通往南部的阿庇乌斯大道，从罗马经坎佩尼亚延至他林顿；通往北部的则有弗拉米尼乌斯大道，从此大道可以进入波河流域；以罗马为起

罗马大道及周围遗迹

点，向西北延伸直达热那亚的奥莱利亚大道；横贯亚平宁半岛的瓦莱利亚大道以及向东南伸展，最后与阿庇乌斯大道相接的拉丁大道。这些大道均用石料或混凝土建筑，下面铺石子和黄沙，上面铺石块或大石块。这种大道后来渐渐扩展到东西方各行省及边远地区，与被占领地区原有的道路连通，从而形成"条条大道通罗马"的壮观气势。在以后的千百年中，直到近代的铁路和公路铺设之前，罗马的国道一直是南欧陆上交通的主要干线。

引水道则是为了解决罗马居民用水问题而修建的。在共和前期，罗马城的供水是十分困难的，日常用水完全依靠泉水、井水及台伯河的河水。直到公元前312年，罗马人修建了第一条长约16公里的地下引水道，才把活水引入到罗马城。后来随着罗马的发展，水道工程也日趋完善起来。到了罗马全盛时期，罗马城已有多条高架引水道，这些水道有的规模相当宏大，最长的有100多公里。引水道的水渠完全架在石头建

罗马文明

091

筑的拱形结构上，看上去就像一条地面上的长桥。水道在城内分散开来，成为支道送达各处居民区，其末端就是分散全城的上千个水池和喷泉，它们日夜不息地流着，不但为市民提供生活之便，更成为罗马街头的一道景观。

引水道和高架引水桥被罗马人广泛地运用，尤其是在帝国境内那些地势险要而水源不足的军事要塞更加以大量修建，其中最著名的一座当属现今位于法国南部的"加德尔桥"。当水道跨越加德尔河的时候，长达249米的一段采用了上下3层共高达49米的重叠连拱。如此壮观的美学和工程学手法，的确令人叹为观止。这一切都是罗马人智慧的结晶。

微信扫码
☑拓展视频 ☑图文资讯
☑趣味测评 ☑阅读分享

不朽的丰碑

——罗马建筑

罗马的建筑艺术是罗马民族传统和希腊传统相结合的产物。辉煌的建筑艺术是罗马文明中极为突出的一面，对后世乃至整个世界的影响都很大。

罗马的建筑艺术可谓是登峰造极，无论是其精湛的技艺，还是它留下的传世建筑，无论是宏伟神圣的万神殿，还是充满了血腥与杀戮的角斗场，无一不烙印着那个时代的深刻印记。罗马的建筑艺术凭借着其雄浑与崇高的美学姿态，唯我独尊地屹立于世界艺术手册之中，令后世无数艺术大师望尘莫及。

世俗的雄浑与崇高
——罗马建筑特点与风格

　　罗马的建筑理论家维特鲁威，在其《论建筑》中提出的对后世影响极大的"实用、坚固、美观"的建筑设计理念，可以说是对罗马建筑特点的理论总结。如果说，希腊人崇拜人是通过崇拜"神"来体现的话，那么，罗马人对人的崇拜，则更倾向于对世俗的、现实的人的直接崇拜。其所表现的人的意识，也已从群体转向个体，偏重于对个人的颂扬和物质生活上的享受。

　　这一点，就直接地表现在建筑类型、建筑外观的设计方面。希腊最杰出的建筑艺术都与神有关，希腊神庙建筑的辉煌更集中反映了这一特点；而罗马的建筑最辉煌、最有艺术价值的则是为经济服务或为人的生活（物质、精神）服务的建筑，如广场、道路、桥梁、高架引水桥、

罗马高架引水桥

罗马帝国时期的圣天使堡

隧道、剧场、竞技场、浴场、住宅和别墅等。

在具体建筑的造型风格方面，罗马的建筑是既继承了希腊建筑的造型风格，又革新、发展了它。如罗马大斗兽场的外部立面，特别是高四层的外部立面，就是古希腊柱式构图的复写，它的底层是多立克柱式，第二层是爱奥尼克柱式，第三层则是科林斯柱式，在顶层则围绕着壁柱。但是，古希腊的这种柱式，在罗马的这座杰作中已不再像在古希腊建筑中那样起结构作用了，它已蜕变成了一种单纯的装饰，真正起结构作用的部件是隐藏于墙壁之中的结构体。同时，在屋顶造型方面，罗马人更是极大地革新了古希腊建筑的造型方式，将古希腊习用的梁柱结构，代之以一种更为有效的拱券支撑方法，从而在屋顶造型方面，出现了在古希腊建筑中很难见到的"穹拱"屋顶。正是这种"穹拱"屋顶，成为了罗马建筑，特别是房屋类建筑与古希腊房屋类建筑最明显的区别。这种拱券结构因经济、实用，且审美效果也很好，故不仅应用于神庙、宫殿等特殊建筑，而且扩展到日常生活的一切领域，如道路、桥梁、输水道、港口、剧场、住宅、仓库和下水道等，从而使许多雄伟建筑在表现和谐、完美、崇高的同时，具有了一种明显的"圆"味。

罗马的建筑不仅借助更为先进的技术手段，发展了古希腊艺术的辉煌成就，而且也将古希腊建筑艺术风格的和谐、完美、崇高的特点，在新的社会、文化背景下，从"神殿"转入世俗，赋予这种风格以崭新的美学趣味和相应的形式特点。

罗马的建筑在审美风格上也和希腊的庄严与静穆不同，主要表现为雄浑与崇高。希腊建筑风格的特点主要是和谐、完美、崇高，古希腊的神庙建筑就是这些风格特点的集中体现者，也是古希腊，乃至整个欧洲最伟大、最辉煌、影响最深远的建筑。罗马的建筑则多以高大、厚重为多，如罗马城防建筑，厚厚的围墙，大块的石料与混凝土的使用，整个建筑庞大而雄壮，形式上追求宏伟壮丽，并强调个性。罗马的"崇高"有时直接与某种悲剧情绪相联系，如著名的罗马斗兽场，它那阔大的造型，与其功能性的悲剧意味相联系着，从沐浴着奴隶血泪的苦难中显现出了崇高。

罗马的建筑上都打着时代的烙印。角斗场的野蛮与血腥，宫殿的骄奢淫逸，无一不烙印着那个国家、那个时代的深刻印记。

巧夺天工
——精湛的技艺

拱券技术是罗马建筑最突出的特色，也是其最大的成就，是罗马对欧洲建筑最大的贡献。罗马建筑的布局方法、空间组合、艺术形式和风格以及某些建筑的功能和规模等，都同拱券结构有密不可分的联系。

罗马人大量继承了希腊的建筑遗产，但他们绝不是简单的模仿者，他们在柱式结构的基础上运用了拱券技术进行加工、改造，改变了原来单一柱式建筑的形制、形式及风格，将古希腊建筑风格的"神"意，转变为了世俗的人意，成为罗马独具特色的一道奇观。拱券技术在罗马人手里越来越成熟，使得一些依托于梁柱结构的古老建筑形制和艺术从根本上得到了改变。梁柱结构不可能创造出宽阔的内部空间，而大跨度的拱顶和穹顶则可以覆盖很大的面积，形成宽阔的建筑内部空间，以至人们的许多活动可以从室外移到室内进行。正是出色的拱券技术才使罗马无比宏伟壮丽的建筑有了实现的可能，使罗马建筑那种空前大胆的创造精神有了物质的根据。

罗马建筑能满足各种复杂的功能要求，就是依靠水平很高的拱券结构，获得宽阔的内部空间。巴拉丁山上的弗拉维王朝宫殿主厅的筒形拱，跨度达29.3米。罗马人将拱券与柱式结合起来使用，不仅为建筑物内部提供了可以产生复杂的跨度和宽阔高敞的空间，而且使建筑物内外部更具神韵。万神庙，就是这种技术发挥到极致的代表。万神庙是罗马独有的教堂之一，100多米的建筑跨度之间竟无一根柱子，进入教堂便会令人产生直通天堂的感觉。后来还出现了由各种弧线组成的平面、采用拱券结构的集中式建筑物。公元2世纪上半叶建于罗马郊外的哈德良行宫，就是典型的实例。

十字拱和拱券平衡体系的渐渐成熟，又进一步推进了罗马建筑的技艺。十字拱实际上是为了摆脱承重墙的束缚，而提出的方案。十字拱覆盖在平行的空间上，只需要四角有支柱，而不必要有连续的承重墙，从而使建筑内部空间得到解放。卡拉卡拉浴场就是其中代表作之一。卡拉卡拉的面积是55.8米×24.1米，它的核心温水浴大厅就是横向三间十字拱，其重量集中在8个墩子上，墩子外侧有一道横墙抵御侧推力，横墙之间跨上筒形拱，既增强了整体性，又加大了大厅，使整个浴场雄伟而壮观。

混凝土的广泛使用

拱券结构得到推广，是因为使用了强度高、施工方便、价格便宜的火山灰混凝土。罗马人在石灰和沙子的混合物里掺和进碎石子制造出混凝土。他们使用的沙子是称为"白榴火山灰"的火山土，产自意大利的玻佐里地区。罗马人将混凝土用在许多壮观的建筑物上。

混凝土迅速发展的条件，一是它原料的开采和运输都比石材廉价方便；二是它可以以碎石做骨料，节约石材，或用浮石

罗马广场的建筑遗迹

或者其他轻质石材做骨料，减轻结构的重量；三是除了少数熟练工匠外，它可以大量使用没有技术的奴隶，而用石块砌筑拱券需要专门的工匠。约在公元前2世纪，混凝土就开始成为独

古罗马大角斗场俯瞰

立的建筑材料了，到公元前1世纪，已经既用于建筑拱券，又用于筑墙。混凝土表面常用一层方锥形石块或三角形砖保护，再抹一层灰或者贴一层大理石板；也有在混凝土墙体前再砌一道石墙做面层的做法。

罗马混凝土所用的活性材料是一种天然火山灰，它相当于当今的水泥，水化拌匀之后再凝固起来，耐压的强度很高。这种混凝土中加入不同的骨料，可以制成不同强度和容量的混凝土，以便用于不同的位置。浇注混凝土需要模板，拱券和穹顶用木板做模板，墙体则用砖石做模板，而且事后并不拆掉，所以使得墙体很厚。

大角斗场的一圈观众席就是用混凝土做基本材料的，它是整个建筑结构中真正的杰作。首先观众席的底层有7圈灰华石的墩子，每圈80个，外面3圈墩子之间是两道环廊，而第三和第四、第四和第六圈墩子之间砌石墙，墙上架混凝土的拱，呈放射形排列。第二层靠外墙有两道环廊，第三层一道。这一整套空间关系都是用混凝土筑成的。做基础的混凝土选用了坚硬的火山石为骨料，而墙是用凝灰岩和灰华石做的，拱顶混凝土的石料则用浮石。因此，整个结构显得井井有条，整齐简洁。

登峰造极的想象
——古罗马著名建筑

　　罗马在建筑艺术里登峰造极的想象可谓是无人能及的，而它在这个领域所取得的辉煌也是独一无二的。罗马人凭借他们惊人的想象力而建造出的开阔、宏大、结构复杂多变、用途广泛的建筑，形成了西方建筑艺术的重要传统。那些四通八达的道路，气势恢宏的剧场、斗兽场，雄奇威武的凯旋门等无一不体现着罗马人高超的智慧和罗马雄视天下的霸主气概。

万神殿

　　由于受希腊多神教的影响，罗马从一建国就开始兴建神庙了。罗马的神庙反映了罗马对世界上其他神的接受。公元前509年，罗马人在卡皮托利山上修建了供奉朱庇特、朱诺和弥涅瓦三神的卡皮托利神庙。起初建的这些神庙仍有希腊神庙的遗风，但是也稍有不同。罗马神庙多呈四方形，一般设有较高的台阶等。此后几年，罗马又陆续建了供奉农神的拉冬神庙、供奉谷神的塞勒斯神庙、供奉商业神的麦库里神庙以及供奉拉丁家神的神庙。

　　公元前4世纪下半叶，罗马的神庙建筑有了新发展。罗马人进一步采用希腊的柱式建筑，在奥古斯都时代，修建了供奉战神马尔斯的神庙。神庙规模宏大，科林斯柱式豪华秀丽，装饰雕刻精美。柱廊间和殿堂内部的半圆形凹式回廊中，依次排列着罗马历代英雄纪念像。神庙坐落于奥古斯都广场，更加突出了奥古斯都广场的政治意义。

罗马万神殿内景 潘尼尼画

罗马最独具风格的建筑就是它的圆拱形建筑。万神殿便是其中的典范。神殿位于古城区北部的万神祠广场，是罗马城中心供奉众神的殿堂，由阿古利巴帝于公元前27—前25年间建造，是一座有八柱门廊和长方形殿堂的希腊式神殿。被米开朗基罗赞叹为"天使的设计"。万神殿——Pantheon的Pan是指全部，theon是神的意思，意指供奉罗马全部神灵的神殿。

万神殿外面看上去非常朴素，但殿内却富丽堂皇、气势恢宏。罗马人情有独钟的科林斯柱式在万神殿中得到了充分而巧妙的运用。万神殿的设计观念是全新的，它强调内部而不是外部，开创了宽敞精致的内部空间起主导作用的纪念性神庙建筑新形制。

万神殿曾被毁，后来哈德良帝于公元118年至128年间重建，并更名为"潘提翁"神庙。新建的神庙一改从前的设计传统，将长方形殿堂改为通体浑圆的穹窿式。这座神庙是继希腊神庙艺术的又一发展，其特点是充分利用拱券技术，这种建筑结构最初来自埃特鲁里亚人的建筑。罗马人把希腊柱式结构与拱券创造性结合在一起，修建出了拱券式殿堂建筑。这也是世界上最大的圆顶建筑之一。

从外表来看，神殿封闭沉闷；从内部结构上看，却不得不让人惊叹。整个建筑是由门廊和神殿两大部分组成的。前一部分是门廊，由两排科林斯式的柱子（每排八根）组成，直径为43.2米，墙厚为6.2米。万神殿的穹顶覆盖的集中制形式，是单一空间、集中式构图的建筑物的代表，也是建筑物最精彩的部分。万神庙主体平面是圆形的，圆顶直径达43.3米，顶端高度也是43.3米，按照

潘提翁神庙

当时的观念，圆顶是象征天宇的，所以又在它中央开了一个直径8.9米的天窗，寓意神的世界和人的世界相融相通。四周无一窗户，唯有圆拱的顶端天窗射入日光。因此，人在这个圆顶下，好像处在一个厚重的围壁包围之中，给人以一种恒定、宏阔的神秘印象。任何声音都可以互相撞回，使空间的共鸣性增大。此种围合性的空间感，造成了信神者内心的超然力量，这是一种静态的力量，却又让人感到有无比的压力。万神庙内部的艺术处理可以说是非常成功的，虽然它的内部空间是单一的、有限的，但是十分完整，几何形状单纯明确而和谐，像庙宇本身那样开朗、阔大而庄严。建筑史家说它是"把古希腊的回廊移进了室内"的结果，这是罗马神庙建筑中典型的帝国风格。

神庙本身建在有三层台阶的高台基上，圆拱形的内壁虽无窗户，却有彩色大理石以及镶铜等装饰，华丽炫目；西边列柱广泛采用了可以减轻负担的拱门和壁龛，这种富有创造性的建筑结构，对中世纪，以至文艺复兴时期欧洲各国的宗教建筑有不可估量的影响。它那宏伟的高空间圆顶，一直影响到欧洲的巴洛克，甚至近代的宫殿建筑。

万神殿建筑形象和谐统一，比例严谨完美，结构技巧高超，具有重要的艺术价值和历史价值，它为建筑具有宽广内部空间的建筑物这一课题提供了完善的范例，始终是穹隆结构建筑的至高典范，为古代建筑最伟大的成就之一。它的修建显示了罗马建筑设计艺术和工程艺术的高超水平，也象征着罗马世界国家的气势和威严。

圆形竞技场

提起罗马最有代表性的建筑，就莫过于圆形竞技场了。相传一位考古学家向一位美国百万富翁讲述古罗马竞技场遗址后，百万富翁问考古学家："要花多少钱才能在美国建一座和这相同的遗址？"考古学家笑道："要花2000年这么大一笔钱！"由此可见这座著名建筑的悠久历

圆形竞技场的拱

史和它难以取代的价值。

圆形竞技场，亦称角斗场或斗兽场，这种建筑兴起于罗马共和的末期，到帝国时代达到其顶峰。罗马城内大大小小的角斗场不计其数。其中最为著名的是于公元72年，由韦斯帕芗皇帝开始修建，到公元80年由其子提图斯皇帝隆重揭幕完成的，位于意大利罗马的威尼斯广场南面的罗马斗兽场，原名弗拉维奥圆形剧场，亦译作罗马大角斗场、科洛西姆竞技场。

据说它是罗马帝国征服耶路撒冷后，为庆祝胜利和夸耀帝国强大的武力，强迫8万犹太俘虏修建而成的。它是迄今遗存的罗马建筑工程中最卓越的代表，也是罗马帝国国威的象征。中世纪的英国诗人贝达曾经这样评价罗马的科洛西姆竞技场："圆形竞技场崩溃时，就是罗马灭亡之时。"科洛西姆竞技场以其独特的建筑风格被称为"古代世界最为宏伟的高超建筑"。

整个角斗场像是一座庞大的碉堡，占地20000平方米，围墙周长527米，长轴188米，短轴156米，墙高57米，相当于一座19层的现代楼房的高度。场内可容5万观众。角斗场全用砖石、水泥修筑而成。底下两层采用巨型石柱和石墙，可承担巨大的压力；拱顶用水泥和砖，牢固耐磨；上面两层全是用水泥，外表再用华石进行装饰。重量自下而上逐渐减轻，下层最牢固，但上层也很坚实，所以罗马人说"科洛西姆永不倒"。

角斗场外观似正圆形，俯瞰实为椭圆形。围墙分四层砌成，一、二、三层均为半露圆柱装饰。每两根半露圆柱之间是一座长方形拱门，

一、二、三层合计有拱门80座，使整个建筑显得宏伟而又秀巧、凝重而又空灵。第四层外墙由长方形窗户和长方形半露方柱构成，并建有梁托，露出墙外，供举行盛会之日，悬挂天蓬，为观众遮阴。整个建筑极像一个现代的圆形剧场或圆形运动场。

场中心角斗用的舞台，长约86米，最宽处63米，也呈椭圆形，是斗兽、竞技、赛马、歌舞、阅兵与进行模拟战争的场所。表演区地底下还隐藏着很多洞口和管道，可以储存道具和牲畜，以及角斗士，表演开始时再将他们吊起到地面上。斗兽场甚至可以利用输水道引水。公元248年在斗兽场就曾这样将水引入表演区，形成一个湖，表演海战的场面，来庆祝罗马建成1000年。

观看台上共有3层座位：下层，中层及上层，顶层还有一个只能站着的看台，这是给地位最低下的社会成员，即女人、奴隶和穷人准备的。但即使在其他层，座位也是按照社会地位和职业状况安排的，位于短轴北端的为皇帝及其随员的专座，南端为市府行政长官的座席。为了安全，舞台四周还专门建有护墙，使之与观众座席隔开。皇帝的包厢和执政官、元老们的贵宾座，则是用整块大理石雕琢而成。

竞技场专门建有四座大型拱门，供拥挤的观众分散进出之用。竞技场内部为阶梯形席位，架在三层呈放射状的混凝土筒形拱上。每层80个喇叭形拱，它们在外侧被两圈环形的拱廊收齐，最后加上一堵实墙，形成50米高的里面。喇叭形拱在里面上开口，每层有80个开口，底层为敞廊入口，上两层为窗洞。看台逐层后退，形成阶梯式坡度。喇叭形拱里安排楼梯，分别通向各区的看台。观众购票之后，以纵过道为主，进入各自的看区。然后以横过道为辅，进入自己的座位，井然有序，不会混乱。这种入场的设计，即使是今天的大型体育场依然在沿用。

圆形竞技场是古罗马建筑风格的典型代表，以其庞大、坚固、实用和精美而闻名于世，即使经过了1900年的风风雨雨，仍然引人憧憬。

凯旋门

圆形竞技场内景

罗马人善战好斗，也经常建造一些代表着罗马国家伟大战绩的纪念性建筑，以炫耀他们的伟大与光荣。凯旋门是炫耀罗马对外战争胜利的纪念性建筑，是对征服者炫耀武力和威力的心态的集中反映，也是罗马建筑特有的形式之一，它从一个特殊的层面展示了罗马高超的建筑艺术。最初的凯旋门只是一个通道式的门楼，门楼都用木构且是临时性的，到共和国晚期，才有砖石结构的永久性的凯旋门，以后又发展为全用大理石构筑，更显富丽堂皇。直到帝国时期，凯旋门更成为专门为皇帝歌功颂德的纪念性建筑，臣民不得擅用了。

提图斯凯旋门：公元81年，提图斯皇帝为纪念镇压犹太人起义的"胜利"，在罗马广场的东南角首次建立了一座凯旋门。这座凯旋门形制比较简单，取单拱门的形式，门道两边配以倚立的圆柱，上承一道顶阁式的短墙。凯旋门高15.5米，宽13.4米，厚4.8米，用混凝土浇筑，大理石贴面，檐壁上雕刻着凯旋时向神灵献祭的行列。提图斯凯旋门上有一块浮雕，表现提图斯的军队正抬着从耶路撒冷神庙里缴获的重要战利品——黄金圣案、烛台和银喇叭，兴高采烈地走在象征着罗马的凯旋门前。浮雕布局和造型运用虚实相间的手法，创造出真实的空间感。由于着意表现人物的动势，浮雕中的人物虽不多，却给人以气势宏伟之感。凯旋门整体显得秀丽庄重，被建筑学家公认为最具古典精神的建筑，也是罗马城中现存古典浮雕艺术的三大杰作之一，被意大利人视为国之珍宝。

图拉真凯旋门：公元114年至115年，图拉真皇帝为纪念他战胜了安息人而建立起一座凯旋门。凯旋门上的雕刻更为丰富，不仅描绘了各种战争场面，而且还在顶端建造了一个乘着凯旋战车的皇帝的镀金青铜像。已然比提图斯凯旋门豪华许多。

君士坦丁凯旋门：建于公元312年的君士坦丁凯旋门是罗马城现存的三座凯旋门中年代最晚的一座，但也是最豪华的一座。它是为庆祝君士坦丁大帝于公元312年彻底战胜他的强敌马克森提，并统一帝国而建的。这是一座三个拱门的凯旋门，高21米，宽25.7米，进深7.4米。由于它调整了高与阔的比例，横跨在道路中央，因而显得形体巨大。凯旋门的里里外外充满了各种浮雕，表面上看去，巨大的凯旋门和丰富的浮雕虽然气派很大，但缺乏整体美感。原因是凯旋门的各个部分并非作为一个统一体而创作的，甚至其中的大部分构件是从过去的一些纪念性建筑（如图拉真广场建筑上的横饰带、哈德良广场上一系列盾形浮雕以及马克·奥里略皇帝纪念碑上的八块镶板）拆除过来的。在拱门上端两侧的那8座矩形浮雕原先是一座纪念马库斯奥里列阿斯的建筑物上的装饰，只是这位皇帝的头像被重新雕刻成了君士坦丁的样子。这也正表明了罗马的艺术已经开始走下坡路了。尽管如此，它仍不失为一座宏伟壮观的凯旋门，尤其是它上面所保存的罗马帝国各个重要时期的雕刻，构成了一部生动的罗马雕刻史。

古罗马君士坦丁凯旋门

卡拉卡拉大浴场

公共建筑主要是为了满足公民的需求和日常生活中各种需要而建造的，后来慢慢成为城市生活发达的标志。罗马所建造的一些公共建筑，成为后世人们惊叹不已的罗马标志性建筑。也正是这些精华部分，使罗马建筑每每为后人所称道。

罗马帝国时期，奴隶制度日益发达，大批自由小农破产，成为无业游民。但是他们又是国家的公民或者是退伍的老兵，这个群体对罗马皇帝的兴废有着举足轻重的作用，历任皇帝都对他们实行收买政策，以生活上的补贴和打发无聊的娱乐生活笼络他们。于是，公共浴场在罗马各处兴建起来，且规模越来越大，设施越来越丰富，内部装饰也十分华丽。地面和墙面都贴着大理石板，镶着马赛克，绘着壁画，壁龛里和靠墙的装饰性柱子上陈设着雕像。罗马的公共浴场是当时建筑中功能、结构和施工技术最复杂的一种建筑群。浴场容纳人数很多，像剧场那样是供民众使用的，发挥着民众俱乐部的作用。罗马帝国时期皇帝们建造的大型国家浴场里面增加了演讲厅、音乐堂、图书馆、交谊厅、棋牌室、画廊、商店、小吃铺、健身房，等等。

浴场的门票定价十分低廉，一个普通的公民可以买一张票，然后在浴场中消磨一整天。于是，浴场不仅是保持个人卫生的洗浴场所，还成为了一个具备休闲、社会活动、交际等多重功能的公共场所。人们在浴场里聚会、聊天、谈生意、做买卖，小商小贩在这里开铺子挣钱。罗马历史学家塔西佗描述一个罗马人的享乐生活时写道："白天睡觉，夜晚办事，寻欢作乐消磨。怠惰是他的爱好，他以此成名。别人要以勤奋劳作才能达到的一切，他却以骄奢淫逸的欢乐来完成。"而公共浴场就是过这种日子的场所。

其中卡拉卡拉浴场是罗马帝国时期遗留下来的保存最完好的浴

罗马浴场 阿尔玛·泰德马画

场，也是同类建筑中规模最大、设备最完善、结构最先进的浴场。卡拉卡拉浴场于公元206年开始兴建，直到217年由当时的卡拉卡拉皇帝揭幕启用。浴场长216米，宽122米，可容纳1600多人，其规模仅次于迪奥克莱齐亚诺浴场，是罗马第二大浴场。卡拉卡拉浴场比前者建造时间晚近100年，部分极尽富丽堂皇。卡拉卡拉浴场两侧的后半向外突出一个半圆形，里面有演讲厅，旁边是休息厅。卡拉卡拉浴场的内部空间组织得简洁又多变，开创了内部空间序列的独特艺术手法。冷水浴、温水浴和热水浴三个大厅串连在中央轴线上，而以热水浴大厅的集中式空间结束。两侧的更衣室等组成横轴线和次要的纵轴线。主要的纵横轴线相交在最大的温水浴大厅中，使它成为最开敞的空间。轴线上空间的大小、纵横、高矮、开阖交替地变化着。不同的拱顶和穹顶又造成空间形状的变化。浴场的内部空间流转贯通且变化丰富，是空前的成就。卡拉卡拉浴场以其规模、技术、工艺赢得了罗马建筑史上里程碑式建筑的地位。

人类文明的共同财富

——解读罗马文化

当罗马在政治上取代希腊时，却被希腊的文化所折服，但罗马人并没有成为希腊文明的俘虏，它继承了希腊文明并把它发扬光大。"光荣属于希腊，伟大属于罗马。"正是希腊与罗马联手使西方文明傲立在世界古典文明之首。

影响深远的文字
——拉丁文

　　拉丁文字是世界上流传最广的文字之一，是罗马文明对世界文化的一大贡献。拉丁文字是由居住在第伯河畔的拉丁姆平原上的拉丁人首先创造出来的，属字母文字。古典拉丁文有23个字母，其中21个是从埃特鲁里亚人的文字派生出来的，中世纪时，字母i分化为i和j，v分化为u、v和w，这样就产生了大家熟悉的26个字母。同时，为了书写方便也出现了小写字母和各种书写字体，即：

　　大写：ABCDEFGHIJKLMNOPQRSTUVWXYZ

　　小写：abcdefghijklmnopqrstuvwxyz

　　后来随着罗马渐渐吞并他国，成为雄霸世界之主，拉丁文得到了广泛传播，成为地中海的主要语言。

古罗马钱币上的拉丁字母

罗马字母时代最重要的是公元1到2世纪与罗马建筑同时产生的，在凯旋门、胜利柱和出土石碑上的严正典雅、匀称美观和完全成熟了的罗马大写体。文艺复兴时期的艺术家们称赞它是理想的古典形式，并把它作为学习古典大写字母的范体。它的特征是字脚的形状与纪念柱的柱头相似，与柱身十分和谐，字母的宽窄比例适当美观，构成了罗马大写体完美的整体。

拉丁文的发展不仅促进了罗马各民族的交流，还继承并发展了希腊文字形体上的优点：简单、匀称、美观、便于阅读和连写。由于拉丁文字本身的这些优点，法国人、西班牙人和葡萄牙人继承了它，形成了"拉丁民族"。随后，拉丁文随着基督教的传播而流传很广，成为世界最通行的字母。如今，拉丁语已经成为国际性书面语，由于它的中立性和不变性而成了世界人民的共同财富。

微信扫码
拓展视频　图文资讯
趣味测评　阅读分享

一颗璀璨夺目的明珠
——古罗马文学

罗马文化是在古代东方文化、埃特鲁里亚文化和希腊文化的影响下发展起来的，是境内各族人民的共同创造，也是古典文化发展的最高峰。共和国末期和帝国早期，罗马文学的发展进入兴盛时期，到了屋大维统治时期则被称为罗马文学的"黄金时代"。

"黄金时代"（公元前100—公元17年），是拉丁文学史上的古典或称辉煌时期。这一时期的文学创作，无论诗歌、散文还是文艺理论，都取得了很大成就，涌现了大批优秀的文学家，拉丁语文学和艺术也出现了空前的繁荣。

"拉丁散文泰斗"：西塞罗

西塞罗（公元前106—前43年），是罗马最著名的政治家、演说家、散文家和拉丁语言大师，老普林尼称他是"演说术和拉丁文学之父"。西塞罗出身于富裕的骑士家庭，从小受到良好的教育。他先后在著名的修辞学家、法学家和斯多噶派哲学家所办的学校接受教育。受完教育后，他起初从事律师工作，不久后涉足政界，并且步步高升，公元前64年当选为执政官。在罗马共和末期，因他死守共和制而被罗马"后三头同盟"的官员捕杀身亡。

西塞罗在文学、哲学及教育等方面都有建树，其中他的散文成就主要是他的书信、演说辞及论文等。他的书信现存约900封，主要包括《致阿提库斯书》16卷、《致友人书》16卷。这些书信反映共和国末期的社会生活，描绘形形色色的政治人物，风格接近口语化。

西塞罗发表过100多篇政治演说和诉讼演说，现存58篇，另有断片20篇。其中公元前44年至公元前43年，连续发表抨击安东尼的14篇演说（通称《反腓力辞》），成为罗马最激烈、最生动的演说作品。他充分吸收希腊文化成就，结合自己演说的需要，运用排比、提问、反诘等演说技巧，引证历史故事、哲理格言和文学典故，形成了自己"讲究细心加工与自然流畅的结合，行文结构匀称，词汇优美，句法严谨，音韵铿锵"的独特风格。每当他出现在罗马的法庭、元老院、公共场所进行演说时，他向听众呼吁热情友好，对政敌攻击尖刻粗鲁，用的都是轻快而流畅的语言，形式虽不免流于矫揉，但对于激发听众的情绪显然十分有效。他认为演说主要是打动听众的情感，而不是诉诸理性判断，因此他不惜歪曲甚至捏造事实。比较著名的演说词主要有《控告喀提林辞》《控告维勒斯辞》等。

他的论文也通畅明顺，善于运用辞藻，尤其是他的《三论》（即

西塞罗指责卡梯林 马卡尼画

《论老年》《论友谊》《论责任》），明畅华丽，晶莹澄澈，犹如西方文学宝库中三颗璀璨的明珠。

西塞罗的作品达到了罗马散文的顶峰，他的文体被誉为"西塞罗文体"，代表了罗马文学的最高水平。他对拉丁语散文的贡献非常之大，他确立了拉丁语文学语言"准确、流畅、清新、雄浑"的原则，其散文风格对后世影响深远，成为欧洲诸民族散文的楷模，不愧为"拉丁散文泰斗"。

"智慧的海洋"：维吉尔

维吉尔（公元前70—前19年），出生于阿尔卑斯山南高卢曼图亚附近的安得斯村一个农民家庭。他在家乡受过基础教育后，便去罗马和南意大利攻读哲学及数学、医学。后来回到家乡，一面务农，一面开始从事诗歌创作。维吉尔以其非凡的才华与诗作成为罗马奥古斯都时期文学的中心人物和诗坛的主要支柱。他的主要作品有《牧歌》10首，《农事诗》4卷，和史诗《埃涅阿斯纪》。

维吉尔十分谦虚，对自己要求严格，30岁才发表第一部诗集《牧歌》，一举成名。诗集主要采用牧羊人对歌和独歌的形式，主要表现牧羊人的生活与爱情，全诗散发出故乡草场的气息，和一种田园的芬芳。《牧歌》构思精巧，立意新颖，想象丰富，语言优美，被广为传诵，后世亦多模仿。其中第四篇对后世影响颇深：

> 时代已在酝酿，
>
> 时序即将更新，
>
> 童贞的正义女神将重回人间，
>
> 太平盛世又将重现；
>
> 新时代的头生儿，

已经从天而降，

即将光临地上。

《农事诗》则是一部有关农业生产的诗歌。诗中谈到种庄稼、种葡萄、种橄榄树和牧羊、养蜜蜂等，体裁和题材上属于农事教谕诗，是在模仿赫西俄德的《农作与时日》的基础上写成的。诗人对自然现象很敏感，赋予生产劳动以诗意。他在诗中歌颂了劳动人民的辛勤、伟大和意大利优美的环境和富饶的资源，表达出自己对乡村生活的向往和热爱。用如此美丽的诗篇描述那些带有浓郁乡土气息的农业耕作，这堪称世界诗坛上的一大奇观。相传屋大维对《农事诗》甚为欣赏，曾连续四日亲自聆听朗诵。

维吉尔成就最高的作品是史诗《埃涅阿斯纪》（又译《埃涅阿斯》），是遵照奥古斯都的旨意创作出来的。全诗计12卷，长达近

但丁和维吉尔共渡冥河 菲迪南·维特画

但丁和维吉尔在地狱 布雷霍画

万行，是诗人最后11年的心血之作，到死只完成初稿。据说他每天只写三行，精心构思。诗成后他不甚满意，准备对初稿加工三年，但不久病故。临终前遗嘱将诗稿焚毁，后因屋大维下令才得以保存。史诗讲述特洛伊被攻破后，埃涅阿斯即伊尼阿率领家人到意大利拉丁姆海岸建立新王朝的故事，歌颂了罗马祖先建国的功绩和罗马的光荣。《埃涅阿斯纪》以荷马史诗为范本，前6卷类似《奥德修纪》，写主人公的漂泊生活；后6卷类似《伊利昂纪》，写特洛伊人和拉丁姆人的战争。史诗中有不少地方模仿荷马，如以《伊利昂纪》中的英雄埃涅阿斯为主人公，采用追叙形式，使用荷马式比喻、对比、重复等手法。但《埃涅阿斯纪》中主人公除了勇敢、刚毅外，还具备了敬神、爱国、仁爱、公正等品德，为了国家，历经千辛万苦，能克制个人情感，表现出较强的理性意识、集体意识、责任观念和自我牺牲精神，是典型的罗马风格。艺术上，《埃涅阿斯纪》没有荷马史诗的自然质朴的特点，缺少口头文学的活力，其叙事总体上平铺直叙，略嫌呆板而少奇巧，人物缺乏个性和生气；但总体格律严整，辞藻华丽，风格哀婉严肃、悲天悯人乃至多愁善感。全诗多梦幻、象征、暗示、讽刺等手法。《埃涅阿斯纪》是欧洲和世界文学史上第一部文人史诗，是罗马文学的顶峰，对当时的罗马文学，和后来的文艺复兴、古典主义文学都产生了巨大影响。但丁认为维吉尔最有智慧、最了解人类，因而在《神曲》中让他作为地狱和炼狱的引导者，并称之为"智慧的海洋"。

伟大诗人：贺拉斯

贺拉斯（公元前65—前8年），生于意大利南部阿普利亚边境小镇维努西亚（今维诺萨），是奥古斯都时期杰出的抒情诗人、讽刺诗人和文艺评论家。他幼年受过良好的教育，通晓拉丁语和希腊语，能诵荷马史诗原文，后相继到罗马、雅典求学深造。公元前44年恺撒遇刺后，雅典成了共和派活动的中心，贺拉斯应募参加了共和派军队，并被委任为军团指挥。公元前42年，共和派军队被击败，贺拉斯也"弃盾而逃"。后来他趁大赦机会返回罗马，在贫困中开始作诗。

他的代表作品包括《长短句集》17首和《闲谈集》18首。前者表明作者反对内战，幻想黄金时代到来的思想；后者则讽刺罗马社会的恶习。但贺拉斯最著名的作品是后期的《歌集》和《诗艺》。

神话诗人：奥维德

奥维德（公元前43—公元17年），出身于富裕的骑士家庭，早年曾去罗马学习修辞学和法学，并漫游了西西里岛以及地中海东岸各地。父母原希望他能成为一名律师，但他本人的兴趣却在诗歌方面，并且他诗才横溢，随便写作一些词句都能成为优美的韵文诗歌。

奥维德最优秀的作品当数《变形记》。《变形记》是一部15卷的神话故事诗，系统地整理了希腊罗马的神话故事和历史传说，归纳为250个神话故事，从开天辟地一直写到当代罗马，成了古代神话的总汇。它描写了一系列人物变为动物、植物和顽石的故事，既表现了一切都在变易的朴素的唯物思想，也表现了一切生物死后灵魂相互转换的唯心观念。它还描写了神的暴虐无道和荒淫无耻，降低了"神格"，表现出对神的大不敬。这实际上是借神话以讽喻罗马的现实。但历史传说部分则歌颂了罗马帝国的历史。《变形记》在艺术上也颇有特色，全书结构紧凑新颖，以丰富奇特的想象使故事格外清新生动，人物形象鲜明活泼，心理描写细致入微。该书在中古和文艺复兴时期都很流行，后世很多诗人都从他的作品中吸取灵感和素材。

微信扫码

☑ 拓展视频　☑ 图文资讯
☑ 趣味测评　☑ 阅读分享

时代的见证
——著史之风

在古代，当一个民族发展到一定的兴旺程度、文明水平达到一定高度时，它必然开始对自己过去的历史产生兴趣，不但想记录下自己当代的事迹，而且想追本溯源，研究自己国家和民族的根源，于是就开始了官方和民间编写本国历史的实践。罗马的史学也如同罗马的其他文明一样，在模仿希腊史学的基础上逐渐发展形成自己独特的风格与特点。也正是罗马史学架起的这座桥梁，使西方古典史学与近代人文主义史学连接起来，并传承发展下去。

罗马人开始写自己的历史是在第二次布匿战争时期，即公元前3世纪末。起初，只是一些片断的史料，如民间流传的一些关于罗马城起源的神话传说、战争史话等；一些大祭司年代记录和各种名表，记录了年代大事、兴建建筑、对外战争等。到后来，便陆陆续续有一些历史作家们搜集资料，掀起著史之风。

恺撒与《高卢战记》

恺撒不仅是罗马史上最重要的一位政治人物，而且他对罗马散文的发展也有不小贡献。恺撒的散文著作今存者有《高卢战记》和《内战记》两种，据说他还写了《论类比》《论演说家》等篇，但都已失传；他的书信、演说辞也都无存于世。

《高卢战记》全书共分成9卷，每章各描述恺撒一整年遭遇的种种大事，包括战事、举办祭典、巡回裁判等。前七卷（即公元前58—前52

年）为恺撒本人亲笔著作，后两卷（即前51—前50年）则由恺撒的幕僚兼好友奥卢斯·伊尔修斯补充上去。

恺撒所写的《高卢战记》（前七卷），记述他在高卢作战的经过，从公元前58年至前52年，每年的事迹写成一卷。关于它的写作过程，历来有两种说法，有人认为这是他每年向元老院和人民会议做的书面汇报，因此每年写成一卷；有人认为这是他在公元前52年至前51年间的冬天一次写成的。这两种说法，其实并不矛盾，可能他先是每年撰写一卷，作为书面汇报，后来因为需要，又再加工连成一气，成为现在的形式。

凯撒雕像

公元前52年至前51年间的冬天，正是恺撒镇压了维钦及托列克斯领导的联合大起义，高卢基本上恢复了平静的一年，但他在罗马的处境已经开始恶化。这时，克拉苏已死，他在元老院中的政敌正在用尽心机计算他，庞培虽然还没正式跟他破裂，但当别人攻击恺撒时，却采取旁观态度。在这种情况下，恺撒也不得不采取相应的措施，来保卫自己，《高卢战记》便是在这种情况之下写作或集结而成的，一则为自己辩护，二则供给自己在罗马的一派人一个宣传提纲。

他谦逊地把这部书叫作《commentarii》，即《随记》或《手记》之意，表示不敢自诩为著作，只是直陈事实，供人参考而已。在叙述过程中，他处处用第三人称称呼自己，自首至尾，通篇都用异常平静、简洁的笔调叙说战事的经过，不露丝毫感情，既不怪怨他的政敌，也不吹捧自己，即或在一两处地方提到自己的宽容和仁慈，也都只是转述别人对他的看法。这似乎是一种极为松散的平铺直叙，使不明当时恺撒处境的人读后，不知不觉会以为作者是以极坦率的胸怀，不加雕饰地随手叙写的，这正是恺撒写作时一心要追求的效果，就连当时最著名的文学家西塞罗也禁不住赞扬：

"我非常喜欢他的演说。我读了不少他的演说辞，也读过他的《高卢战记》。它们值得最高称赞，因为它们文风简朴不事雕琢、直率而优美。它们不需任何演说术的修饰，就像不着衣衫的裸体显露其天生丽质那样。在历史记述体裁中，没有比这纯净清澈、简明扼要的文笔更令人满意的了。"

《高卢战记》叙事翔实精确，文笔清晰简朴，历来得到爱好罗马历史、拉丁文学和军事史等各方面人物的推崇，特别因为恺撒是罗马共和国时代第一个亲身深入到外高卢西部和北部、到过不列颠和莱茵河以东的日耳曼地区、目睹过当地的山川形势和风俗人情的人，给我们留下的是当时的第一手直接资料。恺撒之前，虽也有过一些希腊和罗马作者对这些地方做过一鳞半爪的介绍，但都是些道听途说得来的传闻，因此，《战记》又成为记述这些地区情况的最古老的历史文献，它对高卢和日耳曼各地区的从氏族公社逐渐解体、到萌芽状态国家出现这段时间里的政治、社会、风俗和宗教等的记述，成为我们研究原始社会和民族学的重要依据。

李维与《罗马史》

提图斯·李维（公元前59—公元17年），是奥古斯都时代著名的文人和历史学家。他出生于意大利东北部的帕多瓦城，早年受过良好的教育。后来到罗马，受到屋大维等的赏识，成为屋大维之孙，也就是后来成为罗马皇帝的克劳狄的老师。从此，李维在罗马安享尊荣，过着一

提图斯·李维画像

种平静的书斋生活。他集毕生之精力，苦心孤诣，写成了一部有通史规模的《罗马史》。这部在时间跨度上近800年且融汇上下古今的著作，创立了通史体例，在当时的西方不失为一个伟大创举，为罗马史定下了一个基调。

《罗马史》全书142卷，叙述了自公元前754年至公元前9年间罗马的历史。重点记叙了从第二次布匿战争开始后的历史事件，尤其是公元前1世纪的意大利同盟战争。李维将历史当作一面镜子，认为"史学之独特功用"就在于可以从中得出教训，用以指导当前和未来的行动。因此，李维撰写历史著作，追述昔日罗马建国的艰辛和光荣，指出当世道德败落、耽于享乐等弊病，为的是以此激发人们怀古痛今、纠正时弊的爱国热忱，因而书中充满了道德说教、复古主张、爱国思想。李维虽受到奥古斯都的赏识，并在政治上、思想上也维护奥古斯都的统治，但他决无趋炎附势的献媚之态。据塔西佗《编年史》所记，奥古斯都看过李维著作中有关于庞培的论述，还因为他赞扬庞培而称他是庞培派，但并没有因此而怪罪于他。

《罗马史》文字流畅，辞章典雅，全书像是一部散文史诗，尽管有些松散，却如行云流水般的顺畅。叙事描画栩栩如生，人物形象跃然纸上，特别是对不同的场合和人物能恰到好处地使用不同风格的语言。他尽心竭力地赞扬道德高尚、精忠报国的平民百姓，塑造出不少非贵族

荷拉斯三兄弟的誓言 大卫根据李维《罗马史》中的记载描绘。罗马城和阿尔贝城之间发生战争，贺拉斯三兄弟以国家利益为上，最终获得胜利。

出身的英雄烈女的高大形象。这种历史为现实服务的做法一直是罗马的传统，但李维眼中的历史的决定因素不只是道德，在道德之外，还包括神灵和命运这类常见的超人的力量，而人类的道德也受着这种终极力量的制约。他曾说："神灵喜爱尽职和忠诚的行为，恰恰是这些素质才把罗马提升到极为显赫的地位。"因此，他认为许多祸端起于对神灵的不敬，因而津津乐道于各种灾变、征兆，反映出古代史学家们普遍存在的对历史难以把握的矛盾与弱点。

此外，他博引丰富的史料，并巧妙地将它们融为一体，这都显示了他不同凡响的才能。但他缺少实践经验，不得不依靠前人的书本经验和个人的理解去感悟他记述的战争和政治事件。而在史料的处理上，或许是卷帙浩繁、无法字斟句酌的缘故，他无论对一手史料还是二手史料，都未能做足够的考证辨伪就加以吸收引用，有时甚至成篇抄录他人的记述和解释。这就难免以讹传讹，出现许多地理、年代、史实等方面的硬伤。

尽管如此，但瑕不掩瑜，《罗马史》仍是一部在西方史学史上占有重要地位的史学著作。李维的这一著作一直完好地保存到公元7世纪。但在7世纪以后，散失较多，目前仅存35卷以及陆续发现的少数残篇。

批判史学家：塔西佗

塔西佗（约公元55—120年），出生于罗马一个行省的骑士家庭，是著名文学家和教育家昆体良的学生。公元88年曾任司法官，97年任执政官，又于113年左右出任亚细亚总督。在政治思想上，他是共和思想的最后代表人物。其作品传世者共有五部：《演说家对话录》《阿古利可拉传》《日耳曼尼亚志》《历史》和《编年史》。

他的第一部重要著作就是《演说家对话录》，文风模仿西塞罗。作者利用历史考察的方法，以他年轻时听到的所谓一场对话的方式讨论了罗马演说术的一些问题，特别讨论了文风的变化，并将这种变化与罗马社会的兴衰相联系。在塔西佗看来，罗马演说术的败落不是一些人所说的道德和美学的原因，而在于社会生活和政治制度的变革。塔西佗的其他作品都是历史著作。《阿古利可拉传》是塔西佗为其岳父所写的一部传记。他在开头明白写道："这本书

塔西佗像

是写来替我岳父阿古利可拉作辩护的"。原因在于图密善当政时，许多贵族和在职官员受到迫害，阿古利可拉却安然无恙，寿终正寝，并得到皇帝的关怀。因此一些人在图密善被谋刺之后对此颇有微词，引起塔西佗的申辩。塔西佗约在写作《阿古利可拉传》的同年（98年）还著有另一部小册子《日耳曼尼亚志》。《日耳曼尼亚志》主要记述了日耳曼各部落的政治、经济和社会生活等情况，文笔优美，取材丰富。其中虽有不少以讹传讹的地方，有些材料即使在他的时代也是过时的。但作为一个历史文献，它却有很高的价值，是人们了解和研究公元1至2世纪日耳曼社会的唯一详细的资料。

为塔西佗真正确立史学地位的史著是他的《历史》和《编年史》。这两部书连在一起实际上构成了一部从提比略到图密善（公元14—99年）时期的罗马帝国的历史。两书严格按时间顺序叙述，每部均从1月1日起始，包括自奥古斯都之死的14年至图密善倒台的96年的史事，是名副其实的编年史。其中《历史》约12卷，从69年写至96年，现在保存下来的只有完整的第一至第四卷和第五卷的一部分，内容主要是讲格尔巴、奥托、维特利乌斯和韦斯帕芗

图密善像

等进行内战的事以及韦斯帕芗及其儿子提图斯的胜利。这以后关于韦斯帕芗、提图斯和图密善统治时代的历史则全部失传了。《编年史》则讲的是他父辈、祖辈的人和事。共18卷，起于奥古斯都末年，即公元14年，止于公元68年末。该书也是残篇，目前仅有前4卷和11至15卷全部、卷5的开头、卷6大部及卷7前半存世。书中充分表现出他对于共和制的怀念和对帝制的憎恶，这种倾向虽不免偏颇，但深刻地暴露了罗马专制政治的黑暗。他把历史学当作惩恶扬善、警醒世人的有力武

提图斯的胜利 阿尔玛·泰德马画

器，用犀利凝练、充满智慧的笔触揭露罗马统治阶级上层的腐败和丑恶，戳穿一个个人君大臣的可耻、伪善面目，把他们牢牢地钉在了历史的耻辱柱上。18世纪启蒙思想家伏尔泰、孟德斯鸠都将他作为反对专制统治、反对暴君的楷模；俄国大诗人普希金称赞他的著作为"惩罚暴君的鞭子"。

塔西佗还特别重视历史的教喻功能，他把这种功能称作"赏善罚恶"。在他看来历史的生命是永恒的，即便是专制君主也不能阻止、控制和摧毁它，因为人的记忆是不灭的。在《编年史》中，他借元老柯尔杜斯的话表达了这一思想。柯尔杜斯因写了一部赞扬共和派领袖卡西乌斯和布鲁图的史书而遭到审判，他在元老院义正词严地指出："如果我被判有罪，那人们将会像记住卡西乌斯和布鲁图一样记住我！"按照塔西佗的记载，柯尔杜斯死后，他的著作被焚烧，但民间却辗转传抄他的作品。更难能可贵的是，他在写作时努力保持一个严肃史学家实事求是的尊严，坚持史学家良心，秉笔直书，摈除个人好恶，而且文字简洁雅致，寓意深远，从而把曲折发展的罗马史学推到了最后的高峰。

现实与梦想

——罗马的艺术天堂

罗马的艺术有两个重要的起源：埃特鲁里亚文明和希腊文明。罗马人在崇拜和模仿希腊艺术形式的同时加进了一些具体的、实在的东西，并在随后的发展中形成了自己独具特色的罗马艺术风貌。

精雕细琢

——雕刻的艺术

罗马雕刻是西方古代文明的重要组成部分，它对西方现实主义雕刻的发展做出了杰出的贡献。

罗马雕刻是在埃特鲁斯坎和希腊的直接影响下发展起来的。罗马早先似乎没有自己的雕刻家，在共和时期早期，罗马聘请维爱城的埃特鲁斯坎工匠为他们塑制朱庇特神像，安放在首府山的神庙里。随着扩张活动，罗马人把希腊以及其他地区的雕刻作为战利品运回罗马，把各个民族，特别是希腊的雕刻家召到罗马，为他们复制和创作雕刻品。共和时期后，很多希腊雕刻原作失传，只有罗马仿制品传世。罗马人按自己的判断和选择把各种不同风格的雕刻调和起来，出现了现实性很强的肖像雕刻和叙事性雕刻。这些雕刻的基本的创作方向则是求真写实，体现了罗马民族质朴务实的精神。

墓室里的文化：石棺浮雕

在古罗马共和早期，人们的丧葬习俗还是土葬。那时，人们普遍使用石棺殓葬。这种石棺是用当地的一种火山石——凝灰岩凿刻的，石棺上除刻有述说死者一生的铭文外，还刻有一些浮雕。

一般的石棺从采石场运送出来时已初具规模，不仅已凿出了内置空间，供放尸体，而且还把石棺表面刻出轮廓，至于其他一些装饰性的工作则由雕刻工匠们根据个人喜好，或顾客要求进行细节的加工。但有一些石棺只是加工了一半的半成品，或许是因为死者家里没有钱，又或

希波墨涅斯狩猎现场古罗马石棺浮雕

是因为事发突然来不及加工。

到共和时代的晚期及朱理亚·克劳狄时期，罗马的主要丧葬形式是火葬，石棺的雕刻就少了。但到哈德良时代，一些人觉得放在棺材里埋葬要比火葬好，于是土葬习俗又盛行起来。许多权贵和豪门的丧葬开始采用石棺，因而石棺也成为了雕刻家的用武之地。

这时的石棺尽管有些仍是以花环来装饰的，但很快地以人物形象为雕刻主题的石棺流行起来。这些人物形象主要有两类：或是描绘死者生前的活动，如婚礼、献祭、战争等；或是与死亡、来世有关的神话场景等。后一类题材中的某些场景颇为阴森可怕。

阿提卡石棺：石棺的正面和两头都经过雕刻，背面则有时任其平板一面，因为当时意大利通常的做法是让这一面朝墙，或把这一面置于墓中的壁龛内，在棺盖前部的横窄箍上同样也进行雕刻。因为据说这一工艺传统来自于雅典，而雅典则位于阿提卡地区，甚至许多石棺就是在阿提卡进行雕刻的，故这种石棺就被称为"阿提卡"石棺。阿提卡石棺是用优质的白色潘特里克大理石制造的，这种大理石在雅典附近的采石场很容易得到。罗马以及帝国西部的一些城市都普遍使用阿提卡石棺。

亚细亚石棺：正面以及两端刻以浮雕的阿提卡石棺主要是在意大

利和希腊受欢迎，但在帝国东部地区，石棺的四面都会进行雕刻，只是背面与其他几面比较起来通常雕刻得不是那么仔细。这些石棺大都安放在大路两旁的公墓里，或者四面都会被看到的其他一些地方。因这种石棺的主要产地在小亚细亚，因此被称为"亚细亚"石棺。亚细亚石棺与阿提卡石棺很相似，但它的四个面却很独特。它们被一系列的立柱所分割，通常每两个立柱之间是一个场景。亚细亚石棺要比阿提卡石棺精美得多，其人物的四肢通常用一背景相连。

斯特里吉尔石棺：这种石棺正面及其他几面都刻有凹槽，产生一种波浪或者拉长的"S"的效果，这样的图案形状让人想起了运动员所使用的青铜刮垢板（斯特里吉尔），故得名为"斯特里吉尔"石棺。这种石棺有时饰以季节景物或其他人物形象，中央还有一个圆雕饰，圆雕饰之中可刻死者的肖像等。

惟妙惟肖：雕像艺术

共和末期和帝国初期，复制希腊雕刻的风尚有增无减，拿不勒斯人帕西泰勒始创专门复制希腊雕刻的作坊，罗马的富人都买来装饰花园、厅房、浴室。在被征服的雅典，有一个新阿提克派专以仿制公元前4至前5世纪希腊作品为主，这些活动满足和促进了罗马人对希腊艺术的兴趣。罗马人做肖像的传统也得到了充分的发展，具有强烈个性特征的石像，代替了过去的蜡像。特别是帝王的雕像，不仅有个性刻画，还有理想化的处理，使雕像变成罗马英雄主义和进取精神的象征，以此纠正一味沉溺于希腊雕刻的颓唐的世风。

奥古斯都时代是肖像雕刻的繁盛时代。帝王雕像非常精美，如奥古斯都雕像（梵蒂冈博物馆藏），带有奥古斯都本人面貌，但整个神态姿势都被塑成了一尊神。奥古斯都手执权杖指挥千军万马征服四方，胸甲上饰满寓意性浮雕。脚边的小爱神，对比出皇帝的高大庄严。这种神化的皇帝像同场面恢宏的浮雕一起构成了所谓的奥古斯都风格。奥古斯都的金银全身像据说有80尊。原来的皇帝死后，新继位者常常用这些金银重新铸造自己的像。公元1世纪以后，艺术手段更加丰富，不仅帝王像，贵族和普通人的雕像也都充满活力，表情细腻，如《高发的贵妇像》。罗马皇帝一般从登基之日起就开始为自己造像。根据雕像的内容可以判断制作年代。但是一些帝王死后雕像则被修改成后来的皇帝像，因此像上的签名和题字常常不一定可靠；有些帝王和英雄人像却是后世才刻的，如亚历山大、汉尼拔和苏拉的像。

罗马神像雕刻早期是每个家庭的家神偶像。城市也有保护神，如朱庇特就是罗马城的保护神，米诺是妇女保护神。前5世纪，罗马人曾聘请埃特鲁斯坎人制作朱庇特像（没有流传下来）。罗马接受希腊神话后，罗马神同希腊神相融合，朱庇特代替宙斯成为主神。共和时期罗马的神像很丰富，常常把希腊的神罗马化，带上了较浓的军事色彩和自然质朴的手法。罗马的智慧女神像，携矛披甲，着罗马长袍，戴罗马头盔。战神马尔斯是罗马最受尊崇的神，也被雕成手持长枪、身着戎装的形象。

传世之笔
——奇异的绘画

在罗马人留下的艺术遗产中还有精彩的绘画。壁画和镶嵌画是罗马绘画的主要形式。希腊壁画今存的极少，而罗马壁画遗迹则甚多。

早在共和时期，社会上层积累了庞大的财富。于是，追慕生活享乐的欲望也大为膨胀。罗马的私人别墅一时兴起，室内壁画也成了住宅建筑中一个重要项目。共和时期的绘画，大约亦出自希腊画师之手，在庞贝城遗址中发现不少宅邸内均画有美丽的壁画，内容题材十分广泛，技巧相当成熟，虽然庞培城的覆没是在帝国时期，但其中不少作品年代较早。此外罗马、拿坡里等地也都存在一些有共和时期壁画的古老宅邸，风格亦与庞贝的作品相似。

公元 1 世纪后，壁画的风格多

古罗马的雕塑画廊　阿尔玛·泰德马画

种多样，竭尽表现享乐之能事。现存的壁画遗迹也多在罗马城。庞贝城和赫尔库兰尼姆城等地也较多，从中我们可以窥见古代希腊罗马的绘画成就。

壁画题材包括人物故事、林木鸟兽、花卉图案和静物风景等等。一般是在墙壁上以花边组成一个外框，在里面安排画面，墙面均有底色，构成强烈的装饰效果。从事这种工作的多为希腊画工，使用的也多为希腊粉本。在赫库兰尼姆还发现一幅画在大理石板上的素描稿，记有"阿特纳伊的亚历山大"的署名。这幅画上画了五个玩球戏的妇女形象，前面两位蹲着，后面三位站着，除头发和衣服的部分花纹用浓重的调子外，全画均为线描，线条优美娴熟，造型准确生动，说明希腊罗马画师的造型能力已相当高超。这个时期还有用蜡画法来做壁画的说法，该画法是将颜料溶入烧熔的蜡液中。画家手持长柄铁勺，随时可以将蜡烛置于火上融化，这也可以说是油画技法的雏形。

庞贝古城里发掘出来的湿壁画是绘画对古希腊时代的一次

庞培城壁画 "代达罗斯之妻帕西法厄"

伟大的超越。画面内容的宗教密仪有可能仍有符号意味，但人和物的表现已经有了写实的趋向。人物有了各种不同的画面角度，肢体动作多样化；五官细节清晰，能看见人物的表情；复杂的重叠关系被很恰当地表现出来；更重要的是，有了用光塑造空间的尝试。

罗马绘画正在弥补与雕塑之间的鸿沟，平面的艺术渐渐从抽象的符号变为实在的物体，绘画的焦点也从指代宗教意味变为了表现现世事物。在罗马时代，绘画正在觉醒，正在创造着用二维表现三维的技术，直到中世纪的到来。

人类的智慧
——分门别类的自然科学

罗马的自然科学知识，是在总结罗马人长久以来的生产经验和吸收地中海诸民族科学成就的基础上发展起来的，在农学、天文学、地理学及医学等方面成就突出，充分展示出罗马人卓越的才华。

仰望苍穹
——天文历法

所谓历法，简单说就是根据天象变化的自然规律，计量较长的时间间隔，判断气候的变化，预示季节来临的法则。现在，世界上通用的纪年方法是公历，而公历是由儒略历演变而来的。儒略历可以追溯到罗马，是以罗马统帅朱利亚·恺撒之名命名的一种历法，早在罗马时期就已经产生。

罗马最初的历法十分混乱，当时通行的为旧历，全年只有355天。到公元前509年，为了配合太阳年，罗马大祭司团颁布了岁历，即分别在每四年的第二和第四年底加入两个闰月，分别为22天和23天。但到了共和末年，由于政治混乱非常，一些贵族富豪们利用权势控制大祭司团随意插入或撤销闰月，致使历法混乱，寒暑颠倒，甚至出现农作物的收割与季节相异甚远的情况，严重影响了人们的正常生活，也使历法完全没有了存在的意义。

于是，公元前46年，恺撒采纳亚历山大里亚天文学家索西吉斯的建议，以回归年为依据进行历法改革，颁布了改历的命令。此历规定每4年中头3年为平年，每年365天。第4年为闰

罗马文明

138

索西吉斯像

尼西亚会议

年，1年366天。1年12个月，有大小月之分。因为恺撒的生日是在7月，为了体现自己至高无上的威严，恺撒要求这个月必须是大月，因此天文学家只好将单月定为大月，即单数的月份31天，为大月，双数的月份30天，为小月。六个大月六个小月使平年多出了一天，必须从某一个月中扣除一天。而当时罗马的死刑判决都在2月执行，人们公认这是不吉利的一个月，所以从2月里减去一天。恺撒遇刺之后，继位的奥古斯都为显示自己的权威，下令将自己生日所在的8月定为大月，并且将9月以后的大、小月全部加以对换。这样一来，一年就有7个大月，又多出一天，于是再从"不吉利"的2月减去一天，使它成为28天。每逢闰年，将2月加一天，使之成为29天。现行公历的大小月安排和每月的日数如此混乱，就是从那个时代延续下来的。

　　但儒略历中存在一个问题。我们现在每年正确的时间是365.2425天，儒略历加闰年的意思也是想尽量的和正确的时间保持一致。但是，每4年加一个闰月就导致每一年平均要比正确的时间多11分钟多（即平均每年365.25天），造成的结果是每128年就大约早1天。虽然这个影响短期看似可以忽略不计，但时间久了它的弊端就会显现出来。

公元325年，东罗马帝国皇帝君士坦丁在尼西亚召开基督教的主教会议，史称"尼西亚会议"。这次会议没有解决上述问题，只是规定基督教中的复活节在春分（3月21日）后的第一个星期日庆祝。但由于儒略历的弊端问题没有解决，春分的日期也不能固定（每128年就往前错一天，实际上到1582年的时候，春分已经是3月11日），造成了宗教上的混乱。为了解决这个混乱，1582年，罗马教皇格列高里十三世又一次修改了历法，形成"格列高里历"，也是我们现在通常说的公历。把闰年从每400年100闰改为97闰，即能被4整除的设闰年，但逢世纪年（如1900年等）能被4整除、不能被400整除不再设闰年；把春分固定在3月21日。把两个时间（1582年和325年）一对比，就可以看出在1582年时差不多春分已往前错了10天，即儒略历比公历早了10天，为了修正这10天的误差，格列高里下令1582年10月从4日直接跳到15日，这样在历史上出现了10天空白。

这样一来，历法的误差就变得十分小了，仅为0.0003天，也就是说要经过3300年才出现1天的误差。随后，该历法被各国相继引用，即成为国际通用的公历。儒略历的颁布及其不断改进，充分体现出罗马历法的先进性和天文学的发展高度。

托勒密与《天文学大成》

克罗狄斯·托勒密（公元90—168年）生于埃及，父母都是希腊人。公元127年，年轻的托勒密被送到亚历山大去求学。在那里，他阅读了不少书籍，并且学会了天文测量和大地测量。他曾长期住在亚历山大城，直到151年。有关他的生平，史书上少有记载。

托勒密可谓是公元前2世纪罗马天文学发展的集大成者，其代表作《天文学大成》是古典天文学中最为著名的一部集大成之作，在古典传统的科技著述中占有突出地位。公元140年，托勒密在他的巨著《天文学大成》（共13卷）中，总结并发展了前人的学说，建立了宇宙地心体系。除了详细地论述了他所创立的"地心说"外，他还将埃及人、巴比伦人和希腊人的天文学成就加以汇总与融合，并充分发挥古典天文学方

托勒密像

面以几何系统描述天地结构和天体运动的特色，论述了太阳、地球、月亮及其他行星运动的规律，提供了1022个恒星的位置表及亮度，是古典时期最为完备的星图；他还详细论述了推算日月食、确定行星位置与演算历法的方法，介绍了各种天文仪器的制作及使用方法等。他是世界上第一个系统研究日月星辰的构成和运动方式并做出成就的科学家，《天文学大成》也被尊为天文学的标准著作。

托勒密"地心说"的主要内容是：地球位于宇宙中心静止不动；每个行星都在一个称为"本轮"的小圆形轨道上匀速转动，本轮中心在称为"均轮"的大圆轨道上绕地球匀速转动，但地球不是在均轮圆心，而是同圆心有一段距离。他用这两种运动的复合来解释行星运动中的"顺行"、"逆行""合""留"等现象。水星和金星的本轮中心位于地球与太阳的连线上，本轮中心在均轮上一年转一周，火星、木星、土星到它们各自的本

轮中心的直线总是与地球—太阳连线平行，这三颗行星每年绕其本轮中心转一周。恒星都位于被称为"恒星天"的固体壳层上。日、月、行星除上述运动外，还与"恒星天"一起，每天绕地球转一周，于是各种天体每天都要东升西落一次。

托勒密的天体模型之所以能够流行千年，是有它的优点和历史原因的。他当时提出绕着某一中心的匀角速运动的理论，既符合当时占主导思想的柏拉图的假设，也适合于亚里士多德的物理学，易于被接受；他还用几种圆周轨道不同的组合预言了行星的运动位置，与实际相差很小，相比以前的体系有所改进，还能解释行星的亮度变化；地球不动的说法，对当时人们的生活是令人安慰的假设，也符合基督教信仰。在当时的历史条件下，托勒密提出的行星体系学说，是具有进步意义的。首先，它肯定了大地是一个悬空着的没有支柱的球体。其次，从恒星天体上区分出行星和日月是离我们较近的一群天体，这是把太阳系从众星中

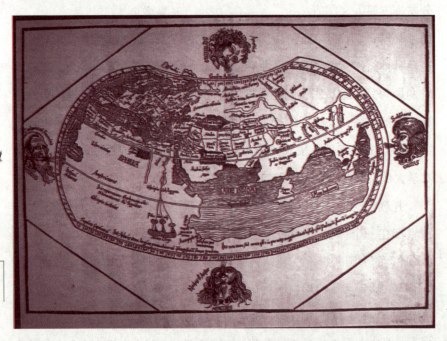

托勒密想象中的世界地图

识别出来的关键性一步。

　　但令人遗憾的是，托勒密在天文学领域建立系统理论的同时，也进一步发展了"地心说"理论，并被基督教利用作为上帝创造世界的理论支柱，严重阻碍了科学宇宙观的诞生。直到1543年，哥白尼提出"日心说"，才使天文学领域发生了一场革命性的变革。

微信扫码

☑拓展视频　☑图文资讯
☑趣味测评　☑阅读分享

卓越的智慧
——技术成就

古代的罗马，疆域无限辽阔，物质资源充足，生活富足安逸，大大促进了手工业的发展。而奴隶主贵族对富豪奢华生活的追求，也使实用工艺美术得到了繁荣发展。

帝国时期的技术是最为发达的。农业、手工业技术及工程技术都有重大进步。手工业极其繁荣兴旺。罗马手工业有80余种，从事工商业的市民和在这方面使用的奴隶总量以数十万计。各种雕镂的和翻铸的金银酒杯、镶金的豪华玻璃器皿、晶莹无价的玉石、精致的织物，共同装点着富有的罗马人的住宅。

手工业在罗马技术成就的发展中占有很重要的地位，对后世的影响也较为深远。

羊皮纸书

古罗马人将小牛皮或羊皮加工制作成"皮纸"，当作高级书写材料。皮纸由专门的工匠来制作。工匠首先把胎牛皮、小牛皮或羊皮加工鞣制，使其软化，然后用器具刮去上面的附属物，使组织表面平整光滑，而且柔韧稀薄，因此，人们把它称为"羊皮纸"。

人们用羽毛或芦管蘸了墨水之后，在羊皮纸上书写，然后装订成册。另外，为了便于保存和携带，罗马人还常把厚叠的书册用木板进行上下固定，这样可以防止乱页、掉页，罗马人将其称为书板。后来罗马人还发明了"蜡版书"。所谓蜡版是先用黄杨木或其

书写在羊皮纸上的《死海古卷》局部

他细质木材做成小板，在木板中间部位挖出长方形凹槽，放上黄色或黑色热熔的蜡，内侧上下两角钻成小孔，用绳穿过小孔将许多木板串联起来。蜡版的书写工具是用金属做成的针，也有用象牙或骨头做的。这种针一端是尖的，用以在蜡版上划字；另一端则是圆的，用以修改写错的字。因为可以修改，所以蜡版便可以反复使用，他们多用它来记事、练字、写诗或记账等。蜡版书的流传和使用非常广泛，无论学者、诗人，还是僧侣、商人都使用它。蜡版书则用金属和象牙作为底板和封面，做工精致，画面美观。但蜡版书也有缺点，因为字迹易受磨损，书写工具也较为粗糙，因此不便进行工整的书写。

羊皮纸书上的塞维鲁全家画像

玻璃工艺

公元前100年，罗马成为了玻璃制造的中心，罗马人使用各种巧妙的方法把玻璃加工成为各种形状的器皿。此后，罗马人将吹制玻璃工艺加以改进，镶嵌玻璃和浮雕玻璃得到了广泛运用。

所谓镶嵌玻璃是将各种彩色玻璃熔接一起形成的玻璃制品。将彩色玻璃碎片贴在加热的吹制品上，经重新加热后吹制成形，各种色彩融合后，产生了类似镶嵌画的效果，因而称其为"镶嵌玻璃"。这种玻璃新工艺在帝国时期盛极一时，在19世纪末到20世纪初的欧洲又再度流行。

浮雕玻璃工艺是在白色或彩色玻璃器皿表面，以人物或其他装饰图案制作出类似浮雕的新工艺，这种玻璃制品显得玲珑剔透、精美华贵。

陶器与青铜

罗马的陶器发展水平要远远低于希腊人，因为富有的罗马人更喜爱贵重金属或玻璃制品，陶器制品则被视为廉价货而少人问津。那些卓越的艺术家们也就不再用陶土原料制作餐具等日用器物，因此陶器的发展便停滞不前。

相比之下，罗马帝国时期的青铜制品却极为盛行，并逐渐成为人们日常生活的用品。庞贝就曾出土过大量的青铜制品，有家具、烛台、三脚桌、椅、油灯、壶、杯等，再现了罗马青铜工艺的高超水平。青铜工艺的造型及装饰也很丰富，其中有些造型，如模仿兽腿的桌子等，精致华美，对文艺复兴后的家具造型具有极大影响。

彩绘陶瓶

银制工艺

　　罗马帝国在对外战争中掠夺了大量的银及银器，加之在帝国早期，罗马奢侈豪华的炫耀风气流行到整个帝国的不同阶层，由此便促进了银器工艺的发展。

　　银器制品包括用银制成的容器、首饰、钱币和各种装饰工艺，其中银制的餐具等日用器皿和装饰品尤为珍贵。银制器皿的造型和装饰在很大程度上吸取了希腊艺术传统，基本上采用浑铸、分铸、焊接、镶嵌等方法，造型美观大方，但整体上注重实用功能。由于银的质地比较柔软，较易敲打，因此，罗马人在银器装饰上采用了敲花细工的浮雕手法，并且还有线刻或局部"黑金"镶嵌。浮雕的图案工艺也十分精细，其题材有些来自神话故事，更多的则是取材于现实生活的人物或植物。用浮雕做装饰的容器大多由两层银板构成，外层是浮雕装饰，里层光滑明亮。

　　罗马银器的品种相当丰富，除碟、碗、壶、杯、刀、叉等餐具

古罗马银盘

外，还有各种饰品，如耳环、戒指、别针等首饰，以及梳妆用的镜子等，其造型细腻精巧，实用优美，很有特色，深受古罗马妇女的喜爱。

银制工艺中最为引人注目的是各式各样的酒杯，从酒杯制作的精致程度可以看出工匠们别出心裁的创意，他们花费了很多心思在想怎样才能使酒杯放在餐桌上更醒目，因为主人们很看重这些工艺品，常常借此提高自己的身份。酒杯上的图案通常取自希腊神话题材，也有一些以丰富的叶形或花形装饰，还有一些饰有骨骸图案，为的是提醒和告诫世人：生命苦短，要在有限的时光中及时行乐。例如，在赫库兰尼姆发掘的精致的叶形银酒杯约制于1世纪初期至中期，酒杯上装饰着漂亮的长春藤叶形装饰物。它们都是以特殊的工艺方法制成的，匠人们要先使酒杯成形，然后再以敲花细工、雕镂、焊接等方法把装饰品和杯把安在酒杯上。

采矿与凿石

罗马人的采矿技术是非常高超的。他们有着成套的钻探挖坑、掘巷道、照明、通风、排水、打桩、运送和测量的新方法，能把矿井挖到很深的地下。如设在西班牙的许多矿井，深度大都在700英尺左右。罗马人所以能够掘地如此之深，主要是依靠了他们的高效率的排水设备。他们所安装的排水装置，能够在人力的驱动下，一直不停顿地把井下的积水提到地面排放，这样就为深矿挖掘提供了保障。

罗马人的凿石技术也达到了较高水平。而对于那些坚硬的岩石，罗马人更有一套行之有效的处置办法，那就是"热开采"。所谓"热开采"，就是先架起柴堆，用火烧烤岩石，待烧到一定程度后，再将食醋浇到上面，岩石于是就会破碎断裂。自然大师老普林尼，以及建筑大师维特鲁威在他们的著作中都详细记载过这种"热开采"的手段。

　　古罗马的工程技术也很突出。生活于公元1世纪的赫伦就是一位伟大的发明创造家。他不仅写过关于工程技术的著作，还发明了风球、老虎机等。

　　与他同时代的维特鲁威是著名的建筑师和军事工程师。维特鲁威身材不高，其貌不扬，出身于有一定财产的家庭。他学识渊博，拥有几何学、物理学、气象学、天文学、哲学、历史学、语言学、美学、音乐学等方面的知识。维特鲁威曾是两代统治者恺撒和奥古斯都的御用建筑师，另外还兼任过军事工程师。他写的于公元前27年问世的《建筑十书》，是欧洲中世纪前遗留下来的唯一的建筑学专著，也是全世界遗留至今的第一部完备的建筑著作。全书共十卷，第一卷讲建筑原理，第二卷讲建筑史和建筑材料，第三、四卷讲庙宇和希腊柱式，第五卷讲城市的整体规划，第六卷讲住宅，第七卷讲室内设计，第八卷讲供水工程，第九卷讲计时器，第十卷讲机械学和各种机械。全书凝聚了古希腊、罗马时期建筑美学思想的精华，建筑外观比例和谐，在建筑设计中追求人文精神，是维特鲁威美学思想的核心。而要达到这样的设计境界，建筑师除了要具有顽强的实践能力，还必须具备由丰厚的知识积累与完美的艺术修养等构成的综合素质。维特鲁威在《建筑十书》中提出建筑的标准，他认为："建筑应当造成能够保持坚固、适用、美观的原则。"同时也叙述了如何达到这个标准："当把基础挖到坚硬地基，对每种材料慎重选择充足的数量而不过度节约时，就会保持坚固的原则。当正确无碍地布置供使用的场地，而且按照各自的种类朝着方向正确而适当地划分这些场地时，就会保持适用的原则。其次，当建筑物的外貌优美悦人，细部的比例符合于正确的均衡时，就会保持美观的原则。"此外，维特鲁威还十分注重人

维特鲁威像

弗朗提诺设计建造的高架引水桥

文思想，把以数为和谐的毕达哥拉斯学派同以人体的美为依据的希腊的人本主义结合起来。这部建筑名著，对欧洲的文艺复兴建筑和古典主义建筑产生了较大的影响，一直被建筑界奉为圭臬。

古代罗马人在城市供水工程方面成就也很突出。对罗马供水有突出贡献的工程师是弗朗提诺。弗朗提诺曾任罗马水务专员，直接领导了输水道的设计施工工作，并著有《论罗马城的供水问题》一书。

自然科学的百科全书
——普林尼与《自然史》

公元1世纪中叶，在综合研究方面有突出成就的是罗马著名科学家普林尼（约公元23—79年），同时他也是一位百科全书式的作家。他学识渊博，思想敏锐，以其坚强的性格使自己成为古代罗马的楷模，《自然史》便是他留给人类的一份丰厚的科学遗产。

普林尼出生于意大利北部科莫的一个骑士贵族家庭，少年时曾求学于罗马，完成学业后便从政为官，终身仕途忙碌。在日耳曼行省任骑兵长官期间，普林尼与罗马皇帝提图斯过从甚密，交谊甚笃，及至提图斯之父韦斯巴芗当政之时，普林尼提升更快，先后出任西班牙、高卢、北非等地的财政官和驻麦散那的海军舰队司令等要职。

普林尼一生手不释卷，学习刻苦，分秒必争，并随时记下他认为有价值的资料。他有着旺盛的求知欲，对自然界的一切，包括天文、地理、生物、化学等广阔的知识领域始终充满着好奇。在他从政期间，他几乎把全部的空余时间都拿来学习，每天伏案到深夜。即使在旅途中，他也总是命令随行的人在身旁以书册写板侍候，甚至在就餐时也吩咐奴隶给他读书，自己则边听边做摘要，有时甚至到了废寝忘食的地步。

他去世后，留下的笔记多达160卷，而他生前所写成的书就有七部近百卷之多，其中以《自然史》最为重要，并完整流传至今，被誉为是古代最为渊博的科技著作。其他六部《在马背上使用标枪的艺术》《庞波尼乌斯·西孔图斯传》《日耳曼战争史》《学者》《语言学问题》《历史续编》已经散失，仅存片断。

正义女神朱蒂提亚的审判 马丁·万斯 左面有代表律法的摩西，《罗马法》的制定者查世丁尼大帝，右面为罗马第二位国王、教律的制定者庞皮利乌斯和他的妻子，以及手捧百科全书的普林尼，他代表着法官必须尊重法律、知识和科学。

在《自然史》的前言中，普林尼强调这本书是献给提图斯的，而他写这本书的目的主要是为了研究"事物的本质"，以便为现实生活和生产提供借鉴和服务。《自然史》共37卷，成书于公元77年，作者死后由小普林尼出版。这是一部包括天文、地理、生物学、矿物学、医药学、艺术以及各种实用科学知识的百科全书，是研究罗马自然科学史的重要文献。第一卷实际上是第二卷至第三十七卷的提纲，简介各卷的内容和材料来源；第二卷至第六卷讲的是自然地理、历史地理和民族志；第七卷讲人类学、生理学和心理学；第八卷至第十一卷为动物学，包括哺乳动物、两栖动物、鱼和其他海生动物、鸟类、昆虫类；第十二卷至第三十二卷介绍药物学，包括药用植物和药用动物；第三十三卷至第

普林尼像

C.PLINII CÆCILII SEI
EPISTOLÆ
ACCVRANTE
M.CASP.GOTTSCHLING
LOBENDAV. SILES.
HALÆ
SVMTIBVS RENGERIANIS.

正在工作的普林尼

三十七卷为有关矿物学、冶金学、化学工艺学、建筑学和艺术史等方面的内容。全书记载的各种事物多达近两万种，其3707个条目按学科可以归纳为八大部分。由此可见，由于罗马在当时已经汇集了希腊与东方文明长期发展的成果，其自然科学知识已经较为丰富和全面。

在《自然史》的写作过程中，普林尼参考引用的古代文献多达两千种，提到的罗马作家有146位，非罗马作家327位，其中参考较多的主要学者就达百人以上。尽管普林尼本人在学术研究中没有什么新的创见，但在自然科学不受重视的古代，他能够倾全力搜集、整理和挖掘出当时一般人忽视或轻视的这一领域内的知识材料，为后世保存了大量濒临散失的古代科学资料，使许多古代的科学知识得以保存下来，为我们研究古代的自然科学知识和了解古代的物质和精神文明提供了珍贵的依据，已经殊为可贵。

当然用现代科学眼光来看，普林尼也不无缺点。例如他不能正确地区别现实与想象的东西，对所用材料也缺乏辨别能力和批判精神，而且书中也不乏迷信之说。但尽管如此，《自然史》对于我们研究古代自然科学、历史和语言仍具有极高的价值，对近代欧洲科学技术的发展产生了深远的影响。马克思、恩格斯在他们的许多重要著作中都曾多次引用过《自然史》的材料，并给予普林尼很高的评价，恩格斯称赞他为"罗马的百科全书家"。

图文资讯

拓展书籍内容，开阔阅读视野。

拓展视频

激发阅读兴趣。

观看在线视频，

趣味测评

获取阅读建议。

测评阅读习惯，

阅读分享

碰撞思维火花。

分享阅读心得，

ONLINE
READING
SPACE

扫码进入 线上

阅读空间

让知识照耀人生